浙江中医临床名家

总主编 方剑乔

鲁贤昌

曹 毅 主编

科学出版社

北京

内 容 简 介

本书是"浙江中医临床名家"丛书之一，介绍了浙江名医鲁贤昌。鲁贤昌教授是第三批全国老中医药专家学术经验继承工作指导老师。2012年成立鲁贤昌名老中医药专家传承工作室。本书共分六章：中医萌芽、名师指引、声名鹊起、高超医术、学术成就、桃李天下。重点介绍了鲁贤昌教授成长、成才之路，以及中医治疗外科疾病的学术成就、学术思想及临床经验。全书涉及疮疡、皮肤、乳腺、胆道、男科、类风湿关节炎等疾病，并结合具体病例展现了中医中药在中医外科疾病治疗中的特色和优势。

本书可供中医临床、科研工作者及在校学生阅读使用，也可供中医爱好者参考。

图书在版编目（CIP）数据

浙江中医临床名家.鲁贤昌/方剑乔总主编；曹毅主编.—北京：科学出版社，2019.7

ISBN 978-7-03-061900-6

Ⅰ.①浙… Ⅱ.①方…②曹… Ⅲ.①鲁贤昌-生平事迹②中医临床-经验-中国-现代 Ⅳ.①K826.2②R249.7

中国版本图书馆CIP数据核字(2019)第147820号

责任编辑：陈深圣 刘亚 凌玮/责任校对：王晓茜
责任印制：徐晓晨/封面设计：黄华斌

科学出版社 出版
北京东黄城根北街16号
邮政编码：100717
http://www.sciencep.com

北京中科印刷有限公司 印刷
科学出版社发行 各地新华书店经销
*

2019年7月第 一 版 开本：720×1000 B5
2019年7月第一次印刷 印张：9 1/2 插页：2
字数：161 000
定价：58.00元
（如有印装质量问题，我社负责调换）

总主编 方剑乔

浙江中医临床名家 鲁贤昌

曹毅 主编

科学出版社

北京

内 容 简 介

本书是"浙江中医临床名家"丛书之一,介绍了浙江名医鲁贤昌。鲁贤昌教授是第三批全国老中医药专家学术经验继承工作指导老师。2012年成立鲁贤昌名老中医药专家传承工作室。本书共分六章:中医萌芽、名师指引、声名鹊起、高超医术、学术成就、桃李天下。重点介绍了鲁贤昌教授成长、成才之路,以及中医治疗外科疾病的学术成就、学术思想及临床经验。全书涉及疮疡、皮肤、乳腺、胆道、男科、类风湿关节炎等疾病,并结合具体病例展现了中医中药在中医外科疾病治疗中的特色和优势。

本书可供中医临床、科研工作者及在校学生阅读使用,也可供中医爱好者参考。

图书在版编目(CIP)数据

浙江中医临床名家. 鲁贤昌 / 方剑乔总主编;曹毅主编. —北京:科学出版社,2019.7

ISBN 978-7-03-061900-6

Ⅰ.①浙⋯ Ⅱ.①方⋯②曹⋯ Ⅲ.①鲁贤昌–生平事迹②中医临床–经验–中国–现代 Ⅳ.① K826.2 ② R249.7

中国版本图书馆 CIP 数据核字 (2019) 第 147820 号

责任编辑:陈深圣 刘亚 凌玮 / 责任校对:王晓茜
责任印制:徐晓晨 / 封面设计:黄华斌

科 学 出 版 社 出版
北京东黄城根北街 16 号
邮政编码:100717
http://www.sciencep.com

北京中科印刷有限公司 印刷
科学出版社发行 各地新华书店经销
*

2019 年 7 月第 一 版 开本:720×1000 B5
2019 年 7 月第一次印刷 印张:9 1/2 插页:2
字数:161 000
定价:**58.00 元**
(如有印装质量问题,我社负责调换)

浙江中医临床名家

丛书编委会

浙江中医临床名家·鲁贤昌

编 委 会

总　序

　　中华医药，博大精深，源远流长。灵兰秘典，阴阳应象，穷万物造化之妙；《金匮》真言，药石施用，极疴疾辨治之方。诚夷夏百姓之瑰宝，中华文明之荣光。

　　浙派中医，守正出新，名家纷扬。丹溪景岳，《格致》《类经》，释阴阳虚实之论；桐山葛岭，《采药》《肘后》，载吴越岐黄之央。固钟灵毓秀之胜地，至道徽音之华章。

　　浙中医大，创业惟艰，持志以亢。忆保俶山下，庠序进修，克艰启幔；贴沙河干，省立学府，历难扬帆；钱塘江畔，名更大学，梦圆字响。望滨文南北，富春秋冬，三区鼎足，一校华光；惟天惟时，其命维新，一德以持，六艺互襄；部省共建，重校启航，黾勉奋发，踵武增华。

　　甲子校庆，名医辈出，几代芳华。值此浙江中医药大学建校六十周年之际，特辑撰"浙江中医临床名家"丛书，以五十二位浙江中医药大学及直属附属医院名医为体，以中医萌芽、名师指引、声名鹊起、高超医术、学术成就、桃李天下为纲，叙名家成长成才之历程，探名家学术经验之幽微，期有益于同仁之鉴法、德艺之精进。

时己亥初夏

目　录

第
一
章

中医萌芽

第一节 医学家庭，耳濡目染

一、故里绍兴

鲁贤昌（下文称鲁老），男，1939 年 12 月出生于人杰地灵的浙江省绍兴市的一个乡村（现属绍兴市禹陵区）。绍兴城，一座已有 2500 多年建城历史的城市，人杰地灵，人才辈出，堪称"书法之乡""名士之乡"。这样一个文化气息浓郁的城市，孕育了诸多名医大家。鲁老出生并生活在这样一个文化底蕴深厚的古城，热爱我国悠久的历史文化、中医文化，逐渐成长为一代名医大家。

二、家庭背景

鲁老的父亲是位中医师，他没有经过系统的医学知识学习，他的医学知识来源于祖辈的传承，在绍兴城里悬壶济世，小有名气，在当地人缘很好，也很有威望。他自己精于采药、加工、炮制、配药。治病范围广泛，男女老少、内外妇幼、跌打损伤，无不诊治。据鲁老回忆，最常见的病是"脱力"（一种类似于现代肝炎的病症），以及妇女病、哮喘病、关节炎等。鲁老的母亲虽然不是非常有文化，但她是一个吃苦耐劳、勤俭持家的妇女，也是家中的主要劳动力，不只在务农上是一把好手，家中的事务也操持得相当妥当，家人的衣食住行都由她一手打点。夫妻二人都乐于助人，邻里不论谁有个头

1

疼脑热，鲁父从来都是细心医治，不收分文。鲁母则经常主动帮邻里一些孤寡老人做些家务活。一个主外，行医救人；一个主内，打理家庭。

在鲁老的记忆中，医籍及中草药的香味伴随着鲁老成长。三间朴素简单的泥坯房，房后是父亲的药圃，药圃靠着山，三间房子左侧的一间是书房，放着家中最珍贵的那两只大书柜，从《黄帝内经》《难经》，到《伤寒杂病论》《神农本草经》，各种医学书籍都整齐地列在其中。中间是厅堂，三间房子的后半段住人，前半段作为父亲的诊所。鲁老的父亲每日主要的工作便是看诊、照看药圃草药及上山采药，当然鲁老的父亲很是注重鲁老的学习，家里医学文化的氛围相当浓厚。从鲁老小时候起，鲁父哄孩子的方法便是念着鲁老还听不明白的中医汤头歌，将他毕生的中医知识先慢慢地灌输在鲁老的脑海中，随着鲁老逐渐长大，鲁父便开始带着鲁老漫山遍野地采药，让鲁老从小熟悉各种药草的样子。按鲁老的说法，采药既可以学到很多知识，还可以顺带吃到一些酸酸甜甜的果子，这是幼年的他最喜欢做的事。一个小孩子初涉人世，受着医学世家的熏陶，这奠定了鲁老深厚的中医基础，他在医学上的成就和少时的生活有着很大的关系。

第二节　少年学徒，青涩理想

一、年少聪慧

少年的鲁老安静内敛，十分听从父亲的教诲。鲁父清楚学海无涯，他还有许多疾病、许多医理未能参透，希望儿子能承继父业，医术上再进一步发扬光大，对鲁老寄予厚望。他十分担心自己教育不好孩子，怕耽误鲁老的终生。于是他特别交代妻子要好好引导并督促儿子，从幼时开始，鲁老就在父亲与母亲的督促下开蒙读书，要求熟读医学经典、药性赋及汤头歌诀。平日里母亲虽想多陪伴小鲁贤昌学习，但毕竟家务繁重，学习上全凭鲁老自觉。在母亲忙于做家务的时候，鲁老总是一边像个小尾巴一样跟着母亲，然后一边诵读中医书籍。时间长了，鲁老不仅医学知识愈发丰富，还学会了帮助母亲做家务。鲁老惊人的学习能力，使得父母既惊讶，又欣慰。待中医基础知识有了一定的根基，7岁的鲁老正式开始了自己起早贪黑的侍诊生活，晨起早读，然后帮父亲准备药材，真可谓"三更灯火五更鸡"。鲁父也开始增加每日需背诵的经典条文，背不出来就是一顿手板，且在背熟前是不准睡觉的。鲁老白天跟着父亲诊病，午休时复习、体会父亲的用方，晚上整理背诵。这样的日子虽然辛苦，但鲁老从未向父亲抱怨，因为看着一个个重患儿经诊治慢慢好转，恢复健康，在他年幼的心中对中医充满了羡慕和敬仰，对中医神奇的疗效充满了惊叹和向往，并立志今后自己也要做一个像父亲一样的好医生。

二、初入学堂

随着中华人民共和国的建立，国家对教育事业的重视，学堂教育逐渐"飞入寻常百姓家"。鲁父逐渐意识到单纯的家庭教育并不利于鲁老的成长，接受正规的系统教育及走向外面的世界才能真正成才，因此他送儿子去村头的小学就读。当时的小学，条件十分简陋，学生也稀少，教师资源更是紧缺。一个老师往往身兼数门功课的教学，甚至还教导多个年级、不同年龄层次的学生。在小学，鲁老遇到了人生中的第一个老师李德天，一个乡村小学教师。他是一位严格的老师，在当时，老师在教育的方式上经常存在体罚，但李老师却是一位不爱用这种教育方式的老师，李老师认为老师不应该随意体罚学生。但即使李老师不体罚学生，在当年那些小学生的心目中，那种可敬可畏的形象，是不可动摇的。鲁老对自己的这位启蒙老师永远深刻怀念。

鲁老当时是学校里有名的好学生，努力好学，聪明勤奋，在同学中广有人缘，而且也得到了老师的喜爱，也从未和其他学生一样经常逃课和被留堂补习。鲁老进入小学后，父亲对他在中医方面的学习也没有丝毫懈怠，让他勤奋学习知识、努力读书，不停地灌输着健康向上的思想。虽然免去了平日的跟诊，但在休假日却仍需继续跟诊。小时候的鲁老在严格的家庭教育与李老师的悉心教导之下，在学习上从未有过任何懒惰的思想，成绩一直都非常优秀。

练字和背书是小学生的必修功课。在这两个方面，由于鲁老入学时年纪较长，且自幼跟着父亲学习，写得一手相当漂亮的书法，在校内也有一定的名气，经常可以代替老师教同学写字，时间久了，还被同学称为鲁老师。背书则更是不在话下，鲁老自小在背诵中医经典中总结出了一套自己的记忆方法，别的同学背七八次还记不住的课文，鲁老两三次就记住了。在学校里屡屡得到老师的表扬。

学习不只是读书，一个强健的体魄才是学习的本钱，健康的体魄能够让人的精神保持饱满的状态，注意力容易集中，带来强大的自信心，更容易在工作与学习中取得好的成绩和大的进步。对中医有相当理解的鲁老在注重学习的同时，也没有荒废身体的锻炼，他总会安排出时间陪着父亲一起上山采药，或是跟小伙伴一起捉迷藏。家里的饮食由母亲操持，虽然在那个年代不可能顿顿大鱼大肉，但却可以做到营养均衡，所以鲁老对比其他孩子虽并不显得高大，却很少生病。

三、中学时代

小学时光匆匆流过，1953年鲁老顺利考上县城里的中学（现绍兴第一中学）。上学要带床上用品如棉被、席子，还有衣服及生活用品，而中学所在的县城到村子有30多公里的路程，这可愁坏了鲁父，因为村子里当时没有通汽车。好在鲁母提出租辆马车去上学，这马上得到了鲁父的支持，他连夜找了村里有马车的人家，车主一听是鲁医师来借车，甚至不愿收租车钱。第二天一早，父子二人带着家里准备的干粮与行李上路了，马车载着他们一起到了县城。这是鲁老这辈子印象最深的一件事，至今依然记在心里。因为那是第一次离家，第一次独立生活，第一次坐马车上学。由于父亲是一个驾车的生手，马车的速度与人的步行速度差不多，快到县城时觉得肚子有些饿，父亲看好了一棵大树很想休息一会，这时马好像理解人意，也向着大树的方向踏，车停了，下了马车，马就地吃草。大概半小时的休息时间，父子俩又再次匆匆上路，大概下午五时鲁老和父亲到了学校，鲁父帮着鲁老一起卸下行李，再三叮嘱不可荒废中医学习后，便启程回去了。鲁老很快找到了班主任，班主任带他到了班上的男生宿舍，放好行李，在学校的食堂吃了晚饭。当时宿舍还没有浴室，全校男女同学都是到河边梳洗，洗完还得打些水回宿舍留作日常使用。

第二天，班主任指定临时班干部，发了写有校名、班别、姓名的布制校徽，并领了书本。那个年代就算是学生也需要自己劳动，因此还没有劳动工具的同学就赶紧到街上购买，当时每个学生都要备有锄头一把以备劳动时使用。学校分给每个班级菜地，由班主任指导，班长带领种菜，收的菜交给学校食堂，食堂付钱给每个班作为班费。初中是鲁老人生中一个新的开始，上了初中以后，课程增多了，有语文、自然科学、数学、政治、体育，还有劳动课，学习压力比小学大多了。生活上更改变了许多，小学在家是母亲给洗衣服，到了初中这一切都是自己干，连衣服破了还得自己补。鲁老回忆那时虽然父母都不在身边，但同学们都成了自己的兄弟姐妹。在小学没有机会游泳，到了中学，由于学校边上有一条河，常到河边洗澡，就是到了冬天也洗冷水澡，就是那时鲁老学会了游泳。

刚来到县城中学时，由于当时初中与小学的学习进度有一定的差异，从前在小学名列前茅的鲁老一下子掉到了中等水平，心里十分的着急。一向上进的鲁老并没有气馁，他花了好长一段时间且下了苦功夫来赶功课，一有时间就主动去找老师补课，或请教同学，到了初一下学期，学习成绩达到了上等水平。从那时候起，他便总结出学习经验：首先需要多勤学苦记，其次是需要自己主动钻研，这是他一直以来的经验。那时候根本不存在什么补习，全要靠自己，同学们努力学习的氛围还是很浓厚的，老师也不存在偏爱哪些学生的情况。那时候的老师大多还是抱着帮落后不帮先进的教育理念，就是不能让整个班集体出现良莠不齐的现象，老师看到落后的学生都会对他进行鼓励和指导，偶尔"开小灶"补课也是常有的事。

四、游三味书屋，坚定理想

中学时期，鲁老在学校的安排下第一次游历了三味书屋。三味书屋是晚清绍兴府城内的著名私塾，也是鲁迅 12～17 岁求学的地方，位于都昌坊口 11 号。鲁迅先生是中国文化革命的主将，他不但是伟大的文学家，还是伟大的思想家和革命家。在那个时候很多青少年都将他视为心中的榜样，鲁老也是其中之一。当老师讲到鲁迅先生看到整个民族病弱的状态激发了他学医救国的志向，后来在日本学习的过程中认识到中国人是病在思想上，因此弃医从文，决心用自己手中的笔医治中国人的思想。鲁老的内心产生了深深的触动，他知道鲁迅先生已经在思想上医治了国人，所以他要以自己的方式向鲁迅先生看齐，努力学习成为一个合格的医生来治病救人。

第三节　立志从医，异地求学

一、步入高中

进入初中以来，深知"万般皆下品，唯有读书高"这句话的鲁老深刻地意识到要做一个好医生首先必须好好读书。和很多思想还处在懵懂状态的十几岁的孩子们不同，从小的家庭教育使鲁老对未来有很明确的目标。最明确的是把自己的学习搞好才是最关键的，如果学习不好，当一个好医生只是空谈。转眼间初中生涯也到了尾声，按照鲁老的学习成绩正常发挥，要考上个高中是没有问题的。当时很多人觉得读完了中学就该早点找份工作帮补家计，而鲁老则比较希望自己能考上高中，这样才能上大学，继续学习，为成为一个好医生打好基础。据鲁老回忆，当时他们班升学率还是很高的，有的考上高中，有的考上中专。考上中专就不用花家里一分钱了，所有的学费、食宿等一切都由国家供给。鲁父心中也希望他能继续深造。中考后他收到了现绍兴市稽山中学的录取通知书。他将继续在县城完成他的学业。回想刚进初中的时候他还是个少年，现在应该算是一个青年了，鲁老心中也觉得自己不再是个孩子，是一个大人了。高中的这三年，他的见识逐渐增多，他对自己的未来有了更深刻的认识。而这三年，他对于中医的钻研也从未松懈过，他的医学水平逐渐上升，每次假期返家，鲁父总是可以感受到他的进步。

进入高中以后，鲁老接触到了更多的良师益友。记得当时让鲁老印象比较深刻的是开学典礼校长做的入学报告，他有一个口号"全体同学向着大学前进"，让全体同学尤为激动，考上大学对他们来说是多年努力最好的回报。经过高中学习之后，鲁老想考上大学的愿望更加强烈，下决心要全面学习医学知识，自己要去更广阔的天地实现自己的人生理想。鲁老非常清楚地认识到，只有发奋读书，考上大学才能有作为，所以那时他的愿望就是考上医科大学。

鲁老的文字功底扎实，在文章上的理解力很强，通过自学就能从书本中推导出知识点。所以，鲁老的自学能力很强，别人看几遍才能理解的知识，他一般看一遍就懂了，两遍基本就记住了，这一点深受同学们的佩服。那时，老师们都是鼓励学生自己多看书多增长见闻，奉行开卷有益的原则，鲁老基本上是老师心目中的理想学生代表。在高中的那几年，鲁老总是废寝忘食，拼命地把自己沉浸在知识的海洋里，尽力吸收各种各样的知识。而在所有的知识中，鲁老尤其喜欢古文方面的内容，因为这能为他学习中医知识、阅读理解中医古籍提供帮助。当然，鲁老同时也没有落下对中医经典的阅读，通过不断了解古代各大医家的学说，相比过去父亲灌输的理念与儿时的博闻强识，鲁老自己对中医药也有了更深入的理论认识。

二、高考如愿

1959 年，鲁老迎来了他人生中的重要时刻——高考。考试结束后，鲁老对自己还是充满信心的：平时学习成绩不错，特别是语文是他的强项，文章写得很好，对其他科目的发挥也十分满意。当时与现在的高考不同，是在高考前就填写报考志愿，这可能与考试一样令人头疼：填低了怕"高分低就"，埋没了自己；填高了又担心"一滑到底"，竹篮打水一场空，因为大多数高校喜欢收第一志愿的考生。而鲁贤昌没有为填志愿的事犯愁，因为他想去的学校只有一所，那就是浙江中医学院（现称浙江中医药大学）。很快，鲁老收到了浙江中医学院中医本科六年制录取通知书，成为第一届中医专业的大学生，其父亲亦觉得脸上有光，不仅能系统学习中医，而且医术学成回来还可以继承家业。

第四节 潜修医学，服从分配

一、大学母校

浙江中医学院的前身是创办于 1953 年 6 月的浙江省中医进修学校。1955 年 10 月，学校独立办学。1956 年初，学校迁至杭州市四宜亭。1956 年下半年，学校迁至杭州市庆春路原浙江大学旧址。1959 年 6 月，正式更名为浙江中医学院，正式开展全日制本科教育。鲁老就是第一届全日制的本科学生，学校对于培养学生非常重视，当时全省的名老中医都曾经到学校指导过学生学习，如何任、裘笑梅等名医大家，鲁老都有幸跟诊学习。

当年鲁老来到浙江中医学院时，学校还在杭州市庆春路原浙江大学旧址。鲁老回忆，当时学校周围环境虽然不好，教学楼只有两幢，四周是各种居民楼，还有各色各样的小卖铺，他们在一个非常嘈杂的学习环境下学习，但是这些事情丝毫没有影响到这一批优秀的大学生。当时课堂学习氛围浓厚，师生经常在课堂上展开激烈的讨论，"求是桥下水长流，教学读书两幢楼"是当时学校的真实写照。鲁老在这里奋斗学习，与母校一起成长。

二、潜修医学，艰苦奋斗

在那个物资紧缺的时代，吃饱饭再次成为除学习外最需要关心的事情。

那时候上大学无须交纳学费，而且国家还给予一定的补助，作为伙食或杂费使用。但即使是这样，鲁老还是十分的困难。鲁老一切靠自己，经济上不愿再依赖父母，吃饭一般只有主食，菜则时有时无。而加上当时学习的强度十分大，鲁贤昌一直处于营养不良的状况，牙齿发黑，不过在这种半饥半饱的状态中坚持，倒也很能磨炼人的意志。每次有了一点余钱，就会跑到书店去买书。有次母亲来看他，给他塞了点钱希望他可以改善伙食，但他还是把这些钱都花在了书店里，这些书至今他仍然保留着。当时杭州城里大大小小的书店几乎都被鲁老去遍了，因为鲁老经常光顾，虽大多数时候只看不买，还是成了书店的熟客，店员们基本都认识他，并没有因为他不买书而嫌弃他，凡是有什么难得的书，书店都会先通知他。父亲的熏陶使得鲁老成了一个知书、爱书之人。他看书的劲头也十分地足。如果他没有去书店找书，那就是去图书馆自学了。于是，他六年的大学时光，几乎就在这几个地方度过了。

大学课程安排充实丰富，共有三十余门科目，包含中医及西医知识。鲁老没有因为自己自幼学习中医就排斥西医，他深知自己对于西医知识是一个初学者。为了加强自己的西医知识，当时每天下课后，除了吃饭，他就直奔图书馆，泡在里面一直到关门。有时关门后，他还带着从里面借来的书回到宿舍挑灯夜读。不到一个学期，鲁老的西医知识有了巨大的进步，各种操作也掌握得十分扎实，为他日后在工作中进行中西医结合的诊断及治疗打下了坚实的基础。

根据鲁老的回忆，当时他也被"开过小灶"。由于鲁老从小熟读各种中医经典，甚至一些歌诀可以脱口而出，所以鲁老非常受医古文老师的喜爱。每天清晨，老师会在校园里的池塘边打太极，而鲁老则在一边熟读老师给予他的各种经典笔记、见解等，这又使得鲁老对中医经方、经典的理论有了进一步的理解；同时，鲁老也与老师学习太极，以自身为依据，理解阴阳的平衡。

三、临床实习，自我提升

临床实习是每个医学生毕业前的必经之路，是理论联系实际、培养动手能力的关键一课，是由学院统一安排到各医院实习。鲁老当然也不例外，和同学们一起开始了为期一年的实习。遵照毕业实习计划服从医院的安排，每个学生都要轮流到各临床科室实习，在老师指导下分管病人，负责医疗操作与观察，在大科 1 ～ 2 个月，小科至少 2 周。实习期间，在指导老师的带领下和病人直接接触，从向病人问诊开始，帮病人检查，书写病例记录，之后抄写治疗处方，每天还要跟着导师巡房、查房，观察、询问病人的身体变化，自己思考该如何处理，接受老师的指导和建议。由于鲁老的努力及聪颖，他很快磨炼出自己的临床能力，成了带教老师的好帮手，也无私地为遇到困难的同学提供帮助，因此得到了老师和同学的广泛信任。在实习结束后，鲁老带着优异的考核鉴定回到学校，每一个带教过鲁老的老师都给予了他高度的评价，这也是日后鲁老被挑选参加继承名老中医学术经验抢救工作的重要原因。

四、服从分配，违背父命

转眼 6 年过去了，1965 年鲁老快要大学毕业时，鲁老的父亲打来电话，要求他必须回绍兴工作，顺便可以帮助父亲一起打理诊所，方便以后继承父亲的工作。因此学校领导找他谈话，询问毕业后的分配问题，鲁老便提出要回绍兴工作。这是一个很平常的要求，因为当时大学生的工作分配基本是不成问题的，更何况是要求回老家。不料天意弄人，临近分配时领导又找他谈话，他们有一项重要的工作希望鲁老留在杭州，鲁老深知这将伤害到父亲，但他还是坚决服从分配。就因为工作上的问题，鲁老和鲁父争吵多次，每次都是不欢而散，但鲁老坚持留在杭州，他称自己的工作非常有意义，鲁父才勉强而又不舍地同意了。就这样，1965 年 8 月鲁老被分配到浙江省卫生厅，参加继承名老中医学术经验的抢救工作。其老师是闻名遐迩的浙江中医外科第一人、"余氏外科创始人"余步卿老先生。但这惹得鲁老的父亲十分不悦，认为鲁老更应该继承自己的学术经验，在绍兴工作也更稳定。直到后来他自己进入绍兴中医院，还是念念不忘想将儿子调回绍兴。现在鲁老回忆起来，说："真是忠孝不能两全啊。"但不管如何，鲁老就这样开始了艰辛的从医之路。

名师指引

第一节　杏苑传薪，拜师余老

一、从医之路，初遇恩师

中医的历史源远流长，中医药的发展关键在于传承。中医的传承离不开师承的模式。一位名医的成长除了自身的努力，更离不开良师的指引。鲁老的求医成才之路也是离不开鲁父等多名良师。如果说鲁老父亲是鲁老的中医启蒙老师，开启了鲁老的医学大门，那鲁老工作后遇到的恩师余步卿老先生便是开启了鲁老的中医外科学这扇大门。

作为在中医世家出生的鲁老来说，他对医学一直都不陌生，他深知医学道路的漫长坎坷，路途中定当布满荆棘，而他并不畏惧，毅然踏上了中医之路，不惧艰险，砥砺前行。正是因为明白学医的不易，所以鲁老从小便十分敬佩父亲，将其视为人生楷模。青年时期的他便立志成为一名像父亲一样备受患者尊敬的医家，在父亲的影响下，鲁老对医学表现出极其浓厚的兴趣，通过自身的努力，他凭借优异的成绩考取了浙江中医学院。作为浙江中医学院第一届学员，鲁老在六年的学习生涯中勤勉刻苦，不断提升自己的学习能力，充实自己的专业知识，磨炼自己的坚强意志。经过在校园里系统的学习，鲁老对中医的热爱日益增厚，几乎每日他都会在课余自学各类经典，最终他得以熟练掌握各类中医经典条文，对于四大经典甚至能够脱口而出，足见其不论寒暑坚持学习的惊人毅力。鲁父从小就教育鲁老要"仁心仁术"，所谓"仁心"就是要有崇高的医学修养，处处为病人着想，不能为医者一己之私而置病人于不顾，反复教导鲁老医术第二、仁心第一的思想，这一观点一直深刻影响着他，鲁老从医 50 余年从不与患者发生冲突，凡是患者合理的要求就会尽量予以满足。"仁术"即是要具有高明的医术，其父亲医术在当地已小有名气，闻名就医者接踵而至，但他仍然教导鲁老要深知学海无涯，他还有许多疾病、许多医理未能参透，希望鲁老能承继父业，在医术上进一步发扬光大，对他寄予厚望，因而后来对鲁老医学院校毕业后未能回绍兴老家继承衣钵之事一直到死都一直耿耿于怀。父亲病危（当时已 87 岁高龄）时，鲁老坐在床边，父亲一边说，鲁老一边记，父亲将毕生的临床经验、单方、验方一一和盘托出。父亲病逝后，绍兴市中医院曾与省中医院领导联系，希望鲁老请公假数月，回绍兴撰写"鲁氏经验"专辑，后因故作罢。但其"仁心仁术"的教育一直深深影响着鲁老，对后来鲁老在医学上的发展起着重要的推动作用。

本科 6 年结束，鲁老服从分配，参与到"浙江省名老中医学术经验继承抢救工作"中。当时浙江省卫生厅确定了 10 名"浙江省名老中医学术经验继承抢救"对象，江南名医余步卿老先生恰是其中之一。鲁老凭借优秀的学习和工作能力被选中师从余老先生，成为余老先生的"关门弟子"。而余老在了解了鲁老的勤奋刻苦和他对中医的热爱之后，也对鲁老报以很大的期望。由此，鲁老的中医外科生涯正式开始。师徒二人更是由此结下了不解之缘。

二、恩师余步卿

余步卿，字炳森，浙江余杭人。"余氏外科"创始人，浙江省中医外科第一人。1913 年生，1976 年 6 月 2 日卒，享年六十四岁。先生熟谙《黄帝内经》《难经》，深究《医宗金鉴·外科心法要诀》。1956 年余老即应召至现浙江省中医院就职，继续悬壶济世。

余老先生，从医三十余年，医德、医风高尚，待人和蔼可亲，言语风趣幽默。鲁老回忆："那时候我们年轻医生对许多疾病都不认识或缺乏有效的诊治手段。如碰到病人就不知道让病人化验血糖，先生总会叮嘱我们给病人测血糖，还打趣道：'唉，大学生不如小学生。'先生从不摆架子，与亲人、同事团结友爱。以前物质不太丰富，他在家里组织业务学习，经常买来花生、水果给大家解馋。"

余老先生待人柔和谦卑，谈吐斯文有礼，性子不急不躁。先生见了同行，总以某某兄相称。鲁老回忆："老师待病人的态度特别好，服务态度全院第一，从来不发火，遇到不讲道理的人，一般医生都会发火，而他总是主动站起来和病人握手，向病人道歉。"先生是名医，他的门诊号需要排很长的队，一般他都坚持原则，不让本院职工或熟人插队，如有例外，他都要向病人赔礼道歉。还有一些老病人会到他家中求诊，按着医院规定，先生总是婉言谢绝，让他们白天到中医院门诊挂号就诊。一次，有位暴躁的女病人因病人太多，久久未轮到自己，很生气地说："你再不给我看病，我就拿石头砸你！"先生还是慢吞吞地说："您不要生气嘛，我是要给你看病的，但您得先去挂个号好不好？"

余老先生从医三十余载，既受恩师费元春教诲熏陶，亦得各家汇通，古为今用，不断创新，精于中医外科，长期从事医疗工作，医德高尚，医术高明，形成了自己的一套独特的学术思想体系。余老先生专攻于疮疡喉症，擅治痈疽疔毒、臁疮、瘰疬、丹痧、喉痹、蛇串疮等各类内外科病症。其医技精湛，用药灵活变通，在中医经典的基础上辨证施治，内外并治，针药兼施，病人对其赞誉有加。更重要的是，余老先生不仅医术高明，更是兼备优良的医德医风，他时常告诫学生们要做大医必先做仁医，他高尚的情操让人敬佩，以至于他一直是当时全院医护工作者学习的楷模。

鲁老在余老身上切身体会到何谓"大医精诚"，余老的医者仁心一直影响着鲁老的漫漫从医路。

三、倾囊相授，亦师亦友

鲁老随余老先生抄方时仅 20 余岁，但没有年轻人的怠惰，鲁老学习态度十分积极，凡事总是冲在第一线，朝耕暮耘，晨兴夜寐，尊师爱业，所以余老先生十分赏识和疼爱这个关门弟子，对其寄予厚望，将临床经验毫不保留地分享和教授。余老临床诊疗经验丰富，对学生的教诲更是孜孜不倦，对于走黄内陷、五善七恶、顺逆护场、阴证阳证、消散箍围、膏丹提拔、化腐生肌、识症弃脓等，都能答疑解惑、指点迷津。

鲁老为人一直谦逊，知恩报德，他十分珍惜这个向余老先生学习的机会。每于门诊跟师之日，他总提前半小时到达诊室，打扫诊室卫生，为余老准备好茶水，作好部分问诊工作。他总是准备着一本笔记本，将所有诊疗过程中的疑问、见解都记录下来，待当日门诊结束后向余老请教。对于大部分的复诊病人，他都对其病情有所了解，能够知晓每次施与的方药是否见效。若见效甚微他则会回顾病情，明确辨证是否正确，以便及时调整方药。凡是碰到有疑义的，他都会反复考证，特别是在药物配伍、有无毒性、剂量大小上相当谨慎小心。由于鲁老在跟师过程中勤奋好学，学而不厌，余老先生也是十分乐意将自己的治病经验传授于他。每日诊完病人之后，师徒二人亦会做一番讨论，探讨诊断是否存在疑虑，所用方药是否能够取得最佳疗效。鲁老还会将自己的选方用药与老师的相比较，以便更好地学习用药经验。对于一些临床疑难杂症，鲁老每次都会反复翻阅中医经典，研读一些类似病案以寻求最佳的诊治方案。子曰："学而不思则罔，思而不学则殆。"鲁老便是这则古语的忠实实践者。对于学习他有很多想法，但他认为最重要的莫过于思考，将书籍中的知识转化为自身的理解，而不仅仅是一叠纸张。跟随老师临床诊病于他而言就是一个绝佳的学习机会，诊治每一个病人的过程都是加深其对中医理论知识理解的好机会。

余老先生深知自己这个爱徒对中医存有极大兴趣，十分乐于施教，时常给他亲自诊治病人的机会，并默默为他把关。每次听到患者复诊时的正面反馈，如说服药后症状减轻了，各类西医检查指标都恢复正常了，甚至有的病人说患了几年的顽疾在服药后竟都渐愈了，这都给予了当时初出茅庐的鲁老极大的鼓舞。

第二节　突遭异变，勤勉自学

一、恩师落难，心系学生

对于余老先生的悉心教导鲁老特别感恩，跟师抄方的学习生活对鲁老来说收获颇多，是其一生难以忘怀的，恩师的谆谆教诲更是让他受益至今。只可惜抄方不到半年，因"文化大革命"，继承、抢救工作被迫停止。老先生被迫停止一切诊疗行为，被勒令打扫病房，不允许给人诊病，但仍心系病人和自己的学生。有时候先生看到鲁老给人看病时，就仔细听他问诊，偷偷看他的方子，若见他诊治考虑欠周，就忍不住一边假装扫地，一边在旁边悄声提醒。鲁老当时还年轻，看病诊治过程中经常碰到自己不熟悉的病例，也会偷偷向余老先生请教，师徒二人有一种特别的默契，鲁老也不断在临床中提升自己的水平。

二、恩师仙逝，整理传承

1976 年 6 月恩师余步卿病卒。在恩师遭遇不幸之后，鲁老万分悲痛。虽然中医外科的学习中断了，但中医外科的传承和发展需要继续。余老在中医外科疾病的诊治上自成一派，他的学术思想和临症经验需要鲁老去整理，这是余老留给中医人的宝贵财富。于是，鲁老下定决心开始整理余步卿学术思想及临床经验工作。鲁老撰写余步卿外科学术经验，整理医案，对恩师治疗疮疡、乳痈等外科疾病的临床经验进行了进一步的总结，发表相关学术论文，传承了余氏外科流派。

（一）学术思想

1. 内治重视消托补三法

消、托、补是治疗外疡的三大法则。三法的应用，古人有"以消为贵，以托为畏"之说。先生认为前人的经验固然可师可法，但临床运用还是要随证变通。疮疡用消法，当根据不同症情采用不同的方法，如疏表、攻里、清解、温通、祛瘀、和营等，使之消散于无形。如用瓜蒌牛蒡汤治乳痈；蝎槟导滞汤治流火；疏解和营汤治骨疽等都是早期消散法的具体应用。先生认为，如果消之不应，当托之外透，移深居浅，防止脓毒旁串内陷生变。不可一味内消，以免延误病情。他曾说："如脑疽一症，十有八九不能消散，只有促其早日溃脓，收束根脚，方为良策。"例如，透脓散、验方托里散、神功内托散等是先生平时常用的透托方剂。

至于补法，先生认为一般疾病不必用补，只有在肿消痛止，疮口巨大，新肌不生者方议进补。或见疮色不泽，腐肉难脱，伴有肢倦纳钝者亦可言补。一般多气血双补，促进血运；或补益脾胃，以资化源。但疮疡用补，适宜平补、清补、小补，一般不宜温补、大补、峻补。先生用补大都以清补为主，以温补为辅，或进食血肉有情之品，增加营养，促使疮口早日敛合。先生认为，用补不一定是在疮疡溃后，早、中期均可运用。如疮疡初起气血羸弱，或年老体衰者用补以扶正祛邪；溃脓期而无力蒸化者用补以鼎助透托。所用补药常为四物参芪之品。

总之，对于消、托、补三法的运用，先生的见解是不可呆板，缺乏化机，而要因人因病而异。

2. 切忌过用寒凉

先生认为，治疗疮疡应贯穿整体观念和辨证论治的精神。"诸痛疮疡"虽然离不开清热解毒的治疗方法，但用之不当也会产生许多流弊。他常告诫我们，"外疡内治切忌过用寒凉克伐，除热毒过重者外，寒凉之品不能过早或过量使用，否则闭门留寇，后患无穷"。被称为疮疡第一方的仙方活命饮是治疗外疡初起的常用方，由活血和营、消肿止痛、解毒溃坚等药配伍组成，并非一味寒凉。流痰、鹤膝风、附骨疽等气血冰凝之症，应该运用阳和汤之类，离照当空，阴霾自散，如大剂寒凉则祸不旋踵。

疮疡化脓阶段也不可纯用寒凉，体弱年迈、中气虚弱、气血不足者更应注意。后期治疗，更要忌用寒凉克伐。此时邪势退舍，法当调理气血，助生新肌，促使疮口早日愈合，不可再施大剂寒凉。

先生"切忌过用寒凉"，并不是不用寒凉，对于邪毒肆横之症，也擅用大剂芩、连、栀、柏。故先生的观点，正是他重视整体观念，强调辨证论治的具体反映。

3. 重视脾胃，保护津液

先生非常重视脾胃在外科疾病转归中的作用。他认为，根据脾胃的强弱可以判断疮疡的吉凶、顺逆。脾胃为后天之本，脾胃健旺则水谷之精微得以敷布，五脏六腑、四肢百骸得以濡养。因此脾胃健行，则气血自充，疮疡未成者易散，已成者易溃，溃脓者易敛；脾胃衰则生化乏源、气血不足，初起不易消散，中期难以托化，后期难以收口。先生指出："保护脾胃，不致加重其虚是外症治疗中一个十分重要的问题。"脾胃虚弱者，方中常佐入健脾和胃之品。后期肢倦纳呆，面色㿠白，疮口新肌生长缓慢，常用四君子汤加扁豆、山药、谷麦芽等益气醒脾。

疮疡多是火毒为患，极易耗津伤液。先生说："治疗外疡不知壮水制火、保存阴液之理，而滥施苦寒，更使邪热化燥，加速病人的津液耗伤，可以招致严重的后果。"先生治疗毒火旺盛之外疡，常用黄连解毒汤合犀角地黄汤。先生认为，黄连解毒汤直折邪火，苦寒有余，生津不足，因此配上滋阴息火、凉血解毒之犀角地黄汤，以除黄连解毒汤之弊端。他创立石斛银花汤治疗热毒鸱张之外疡患者，可见其保存阴液之一斑。

（二）临证经验

1. 颜面疔疮临证经验

（1）病因上重视经络辨证：疔者，如钉丁之状，其形小，其根深，虽随处可生，但其对人体危害大者，又以颜面部疔疮为甚，一旦失治，即可造成走黄、流注等变证，历来为中医外科之大证。先生认为，疔之病因，除火毒过甚、过早挤压外，还因头面部乃诸阳之首，一旦护理不当极易发生"护而不护"，毒邪走散的严重后果。疮疡的病机与人体气血、脏腑、经络密切相关。颜面疔疮的发生和转归实为人体脏腑功能的局部表现，然患处部位所属经络与疔毒的发生、发展也有重要的联系。如鼻疔之病机为肺经有火，唇疔病机为脾热过甚，颧疔病机为阳明火毒，黑疔为肾经火毒，牙疔为肠胃湿热，这些在辨证治疗时都应予以足够的重视，并在遣方用药时加入相应的引经药。

（2）治疗疔疮的内治三原则

1）早用凉血药：颜面疔疮为火毒夹脏腑蕴热而发，不同于一般的疔、痈，初起即热毒炽甚，故宜用清热解毒凉血之药直折其火，采用黄连解毒汤、五味消毒饮加草河车、半枝莲治疗，除此之外，还应早期采用凉血药。先师认为"血不宁则热不静"，故凉血药的应用，不必拘泥于温病的辨证规律，初起即可加用生地、赤芍、丹皮等凉血药。另外，如有表证可加用连翘、牛蒡子；便秘加生军、玄明粉；根盘坚硬甚者，加毛慈菇、败酱草；鼻疔加桑白皮、瓜蒌皮；唇疔加元参、淡竹叶；四肢酸楚加桑寄生、丝瓜络；高热加用紫雪丹，神昏谵语可加用安宫牛黄丸。

2）宜收不宜散：疔毒初起在挟有风邪时，宜用连翘、牛蒡子、冬桑叶等辛凉解表之剂，很少使用辛温或芳香的疏风药。当疔根收束，难以化腐成脓时，宜用皂角刺、白茅根、败酱草等透脓药，而不采用穿山甲片等腥味药。疔的后期，创面肿硬不消，此乃气血被余毒所遏，可佐以当归、赤芍、郁金、丹参等，不宜采用大量活血破瘀药，凡此种种，皆以避免火毒横逆走散为上。

3）保护胃气：和治疗其他疮疡病一样，先生在治疗颜面疔疮时，十分重视保护胃气，在大量清凉药中往往加用姜半夏、茯苓、木香等调和脾胃之药。他常说，脾胃之气一旦受损，所有内服药都将付之东流。特别对素体胃虚之人，更需注意。过服寒凉，一方面会败胃伤气，另一方面会使疮形僵硬，日久不消，在临床上一些使用抗生素过度的患者，也有此种现象，此时，先生常应用"手订疔毒和胃汤"（组成：蒲公英、银花、半夏、竹茹、石菖蒲、茯苓、砂仁、赤芍、木香、谷麦芽、陈皮）结合治疗。

（3）外用药特色：由于疔疮根深坚硬，一般外用药很难逐效。临床上余师除外敷清凉膏（由大黄、当归等组成）外，善用立马回疔丹插入创面以提脓祛腐。盖立马回疔丹原方载《医宗金鉴》，江南一带使用的为杭州胡庆余堂所秘制，适用于疔疮初起根坚肿硬、麻木痒痛、色紫无脓、肿势散漫、疮顶凹陷者，但此药加工复杂，又以陈年者为佳，使用时根据疔之部位、大小、深浅，选择适当粗细、长短之丹药插入创面，且要注意不可插入过深，以免腐蚀好肉，一旦疮根（脓栓）脱出，即改用生春散或逢春散外用。

2. 疔疮走黄治疗经验

疔疮走黄，是疔毒走散造成全身化脓性感染，所谓"黄者横也"。此症是由火毒炽盛，邪毒不能外泄而走散入里所致；或局部病灶因治疗延误所致；或因受挤压、碰撞等造成疔毒扩散走窜进入营血，流注经络，内犯脏腑而成。尤其是颜面部的疔疮，起势凶猛，蓄毒深沉，治疗稍有疏忽，就可能逼毒内攻，造成走黄。

疮疡皆由火毒生，疔毒更是如此。因此，先生以火毒论治，清热解毒为治疗原则，以犀角地黄汤和黄连解毒汤为主方。在运用犀角地黄汤时，常以紫雪丹易犀角，重用鲜生地、丹皮。紫雪丹清热解毒、散结镇惊；鲜生地甘苦寒，清热凉血生津；丹皮苦寒，凉血散瘀。先生认为用此方药是根据"不清其热则血不宁，不滋其阴则火不熄"之意。凉血、生津、散瘀不足挫其鸱张之势，不用大苦、大寒之剂直折，恐鸱张之邪火难以熄灭。因而先生又用黄连解毒汤，以芩、连、柏、栀泻其亢盛之火，救其欲绝之水。这仅仅是对实火采取的措施，而疔疮走黄不光是一个"火"而是"火毒"，所以除上述之药外，还重用解毒药物，如银花、紫地丁、草河车、大青叶、毛慈菇等清解毒热。这样，对于疔疮走黄的治疗，济清热、滋阴、解毒、凉血于一堂。

治疗疔疮走黄时，先生非常重视攻腑之法。以釜底抽薪之意，用大黄、枳实等荡涤实热，急下存阴，解毒散结。在病势重危时，惯用凉开之辈以佐治疗，药如紫雪丹、万氏牛黄清心丸、至宝丹、局方牛黄清心丸等。有五脏见证则随症施治，火毒入肺加清肺涤痰药，如竹茹、竹沥、川贝、浙贝；火毒入心重用安神清心通窍药，如川连、犀角、辰茯神等；火毒入脾在清解基础上选用鲜石斛、麦冬、陈皮、茯苓等；火毒入肝时往往用钩藤、龙齿、羚羊角等药镇惊平肝息风。总之，五脏见证，则视临床辨证化机，不可拘泥。

火毒之患，易见津伤液耗之象，因而在症势入险后必须引起重视。在恢复期，先生则常用芦根、竹叶、麦冬、花粉、生甘草、丝瓜络、忍冬藤等清热生津、通经和络，以清润之方作收功善后之法，少用归、芪、参、芍之温剂，以免余火留恋，死灰复燃之虑。

至于外用药，先生用本科自制药物随疮形而定，或用凉散，常用的如三黄膏（由大黄、黄芩、黄柏研末加凡士林调成）解毒消肿；或用绿灵丹、红灵膏（均由不同的升丹浓度制成的掺药）拔毒祛腐。外用的原则，应尽量避免切开、挤压、碰撞。

3. 痰毒治疗经验

痰毒乃风痰结毒，系少阳、阳明风热上壅挟痰凝结而成，属阳证实证，多发生于小儿喉结旁（人迎穴），或左或右，双发者罕见。相当于现代医学的"颌下急性淋巴结炎"。本病的主要临床表现为喉结旁结块如核，皮里膜外，不易推动，初起外证不显，皮色不变，3～5天，风热透达，外候才见。如初起寒热，焮红疼痛，颈项歪斜，转侧困难，继则憎寒壮热，咳呛痰黏，纳差便干，脉来滑数带弦，苔白腻微黄，指纹紫或赤者，属风胜于痰，易散易溃易敛；若块坚核固，皮色始终不变（间或化脓时疮顶微红），乍寒乍热，疲胀不适，纳便正常（间或有脾虚便溏），形多瘦弱者，系痰胜于风，常难消难溃难敛。

先生治疗本病的原则是疏风清热、化痰散结。经验方由炒牛蒡子、夏枯草、炒天虫、浙贝母、姜半夏、化橘红、生甘草、芍药、光杏仁、金银花、皂角刺等组成，如风盛加杭黄菊、荆芥、薄荷；痰盛加炒竹茹、川贝母、全瓜蒌；热毒重者选加焦山栀、净连翘、丹皮、紫地丁；肿硬不消加昆布、海藻、海浮石；透托加炙甲片；纳差加生白术。外用药物（均系本院自制），一般初起皮色不变者用九香膏，局部红肿者用三黄膏，如化脓者用冲和膏。痰毒的临床治疗，需辨痰盛、风盛之异。

（三）经验方

1. 清凉膏

清凉膏由当归、生大黄、紫草加麻油调制而成，功用为清热解毒、散结消肿。临床上广泛用于疮疡、痈疽、疖肿、疔毒及各种炎症性皮肤病初期红肿热痛而未化脓溃烂者，有非常好的疗效，至今仍在有效使用。

2. 正灵丹

正灵丹由煅石膏、黄升、青黛组成，功用为拔毒祛腐，用于疮疡、发背、疽毒、疔疮部分溃烂而脓腐未透化者。

3. 呼脓丹

呼脓丹由煅石膏、黄升丹组成，功用为拔毒祛腐，用于疮疡已溃、脓出不畅或余腐不清者。

4. 迎春散

迎春散由煅石膏、广丹组成，功用为生肌敛疮，用于脓水将尽，疮面肉芽新鲜者。

5. 九香膏（散）

九香膏（散）由白芷、甘松、肉桂、冰片等组成，功用为温经散寒、行气活血，用于无头疽等肿硬疼痛、外伤瘀滞、肌肉肿块、妇女乳痈结块、头部碰伤血肿、扭伤血肿等。

6. 下肢溃疡膏

下肢溃疡膏由炉甘石、冰片、樟脑等组成，功用为祛腐解毒、生肌敛疮，用于臁疮溃疡、湿毒腐烂、缠绵难愈甚则气味秽臭者。

7. 蝎槟导滞汤

蝎槟导滞汤是先生用以治疗流火早期的经验方，由全蝎或蝎尾（研吞）4只，槟榔、生甘草各4.5g，川牛膝、炙甲片、桃仁各9g，红花、独活各3g，赤芍、黄柏各6g，忍冬藤12g十一味组成，全方有化湿清热、散结导滞之功，一般3、4剂即可见效。临床应用时，如有表证，如发冷发热、脉浮数、舌苔白腻，可加薄荷、苏梗；热重烦躁、舌苔黄腻，去红花，加焦山栀、黄芩、丹皮；脘闷欲呕，去桃仁、炙甲片、独活，加藿香、姜半夏、广郁金、炒枳壳；肿硬痛剧者，加乳香、桑寄生；皮色潮红、光亮肿大者，去炙甲片、红花，加晚蚕沙、地骷髅、绵茵陈。孕妇及妇女月经过多、血虚、肺结核吐血者均忌服。在内服药治疗的同时，也可适当配合外治法，如腹股沟淋巴结坚硬肿大者，可用温经通络的薄贴盖之；局部红肿较剧者，可加用如意金黄散外敷。

8. 银藓止痒汤

银藓止痒汤是先生治疗急性湿疹的经验方。本方药物组成为金银花、白鲜皮、绿豆衣、杭菊花、丹皮、新会皮、茅术、地肤子、生甘草。湿疹发生于头面部的 加冬桑叶；下肢添黄柏、泽泻，去杭菊；湿盛脂水淋漓者酌加茵陈、赤苓、猪苓、车前子；热重而见皮疹鲜红，舌红苔黄，可去茅术，增连翘、紫地丁、鲜生地；瘙痒甚者选山栀、滑石、生石膏、野菊花、条芩等；皮色灰暗，脂水不多时可去茅术、新会皮，加秦艽、紫荆皮；伴有颈项结核者加夏枯草、象贝、炒天虫、竹茹。

（四）典型医案

1. 疗疮走黄

赵某，女，21岁，1960年1月17日初诊。患者唇部肿，疼痛发热，伴发热5天住院。胸部X线检查示两肺上部肺炎，血培养分离出白色葡萄球菌（败血症），一般抗生素均不敏感。局部肿而木硬、颜面颈颌俱肿、咽喉疼痛、牙关不利、脘闷胸痛、咳呛气逆、遍体作痛、身难转侧、时有谵语、大便秘结、小便色赤、脉数、舌绛苔黄。疗毒已入心营，治拟凉血解毒、泻热清心。药用：净连翘、淡条芩、半枝莲、粉丹皮、番泻叶、焦山栀各9g，金银花、鲜生地各30g，绿豆衣、生大黄（后下）各12g，大青叶24g，毛慈菇6g，黄连6g，神犀丹（另化吞），1剂。

二诊：服药后更衣色黑，为佳兆，前方去番泻叶、神犀丹易局方牛黄清心丸（另吞）1粒，加减内服5剂，症势由险入夷，唇部肿势已消大半，身热渐退。脘闷，有时呕恶，肺胃痰热未清。药用：银花12g，鲜生地12g，炒竹茹9g，姜半夏6g，紫地丁9g，橘红6g，桑白皮9g，粉丹皮6g，川浙贝各6g，郁金6g。

三诊：局部肿硬日消，仅微有燥感，体温正常，胸部X线检查示两肺可见少量片状肺炎病灶，脉缓、苔腻渐化。易清解之剂为清润之方，再清余邪以善其后。药用：银花9g，知母6g，淡黄芩6g，橘红6g，淡竹叶6g，天花粉12g，川贝6g，麦冬6g，元参9g，生地12g，杏仁9g，丝瓜络9g，4剂，出院时带回煎服。

按：疗疮走黄多由于火毒炽盛，正气内虚，或局部病灶受挤压碰撞等原因，使疗疮扩散，进入营血，流注经络，内犯脏腑而成。本例系唇疗重症，起势凶猛，蓄毒深沉，疗毒内攻造成走黄之症，出现壮热、气促、神昏谵语、脉数舌绛等火毒内犯肺脾、扰乱心营之危象。先生用犀角地黄汤合黄连解毒汤加减，以大苦大寒之剂折其亢盛之邪火，挫其鸱张之热毒，力挽危症，最后以清润之方善后，用药非常值得我们后人师法。

2. 乳痈

吴某，女，24岁，1964年5月8日初诊。左乳肿痛伴发冷、发热4天。检查：左乳上侧结块如鸡蛋大，皮色略红，压痛显著，无应指感。体温为38℃，白细胞计数为$14×10^9$/L，脉弦数、苔腻根黄、呕恶纳减。乳汁壅滞，肝胃积热不化。治以疏肝理气、通乳散结。药用：全瓜蒌12g，土贝母

12g，蒲公英24g，连翘9g，牛蒡子9g，留行子9g，漏芦9g，通草3g，当归9g，姜半夏6g，广郁金6g，2剂。

5月10日复诊。服药后寒热已解，呕恶亦安，左乳高肿渐平，疼痛大减，乳汁已畅。苔腻、脉弦，症有内消之兆，续以原意增损，前方去土贝母、连翘、牛蒡子，加制香附6g，小青皮6g。治后来信告知，服药后已痊愈。

按： 乳痈有种种外因、内因，先生把乳痈的病因、病机、治疗概括为"厥阴气滞，阳明蕴热"八字，根据这一理论用疏肝清胃法治疗乳痈，常获良效。用药多师古方瓜蒌牛蒡汤、散痈消毒汤。先生治疗本病以疏厥阴、清阳明为大法。临证中有偏热壅、偏气郁之分。根据先生的经验，偏气郁者局部肿硬胀痛，发热较迟缓，皮色多不红赤；偏热者局部肿块疼痛，皮色多嫩赤，发热较迅急。治疗时在瓜蒌牛蒡汤、散痈消毒汤的基础上，偏气郁者加香附、郁金、姜半夏、青陈皮、橘叶、杭菊等品；偏热者则加忍冬藤、连翘、蒲公英、川连之辈。对于新产、脾虚、气血不足者忌用寒凉之剂，硬块不消也尽量避免苦寒，总之以通为主，以清为辅是他治疗乳痈的用药经验。

3.臁疮

宋某，男，46岁，1962年4月12日初诊。病起1年另4个月，左小腿溃烂、疼痛、时流脓水。检查：左下肢内踝部上旁溃疡如掌大，破流脓水，疮旁皮色灰暗，步履不利，遇劳累更甚，入夜跗肿。诊为下肢溃疡（臁疮），外敷下肢溃疡膏，内服三妙丸9g，每天早午各用开水送服一次。如此复诊3次。均以下肢溃疡膏敷之。至8月18日四诊时，新肌已生，疼痛不现，疮口已缩小如鸭蛋大，再敷膏如前。

按： 下肢溃疡膏系先生经验方，由炉甘石、冰片、樟脑、大黄、川连、龙骨等药调成。其作用为生肌敛疮，祛腐解毒。主治臁疮溃疡，湿毒腐烂，脓稠凝滞，日久月长缠绵者。甚则气味秽臭，均能解毒，除湿祛腐敛肌。

第三节 师从各家，博采众长

一、师从各家，精通内外

除了平时跟随余步卿老先生抄方之外，鲁老在临床学习工作中还曾跟从中医内科、妇科、儿科名老中医叶熙春、魏长春、裘笑梅、陈杏生、夏明诚、宣志泉、杨继荪等学习。其中与杨继荪老院长关系最为密切，鲁老回忆，杨院长对他尤为照顾，外出开会总喜欢带着鲁老。

跟随中医内科大家学习，鲁老体会到：①中医讲究整体观念，中医外科学虽重外治之法，但万不可忽略其内在病因病机，内治亦非常重要。脾胃为后天之本，气血生化之源，一旦脾胃功能受损，则气血生化无源，正气亏虚，无力托毒外出，那么治疗效果一定不尽如人意。所以鲁老认为对于外科疾病的治疗，应切忌过用寒凉之药，对于疮疡病中的红肿热痛之象，除了用清热解毒消散之法，运用健脾护胃之药顾护中州同样也十分重要。②外治之法，应当法同内治。外治法在外科疾病的治疗中占有非常重要的地位，尤其是对于早期治疗、早期消散，外用药物更是必不可少。对于外治药物的应用，应强调辨证论治，理法方药不可少。正如吴尚先所言内治外治"所不同者，法耳，医理药性无二"。

20世纪60年代后期，他还曾跟西医外科医师学习急腹症的诊治，如阑尾炎、胆囊炎、肠梗阻、胰腺炎等。同时学习诊治男性疾病，主要是学习诊治慢性前列腺炎，摸索出一套中医中药治疗慢性前列腺炎的治疗方法。20世纪70年代又跟皮肤病专家学习皮肤疾病如银屑病、慢性湿疹、慢性荨麻疹、神经性皮炎、红斑狼疮等的诊治，总结出治疗皮炎湿疹的"皮灵1号""皮灵2号"等名方。鲁老治疗疮疡总结了余步卿老先生的经验，再结合自己的临床经验，提出了"忌一味内消""忌过用寒凉""忌摒弃外治""忌四诊不全"的学术观点。总之鲁老虚心好学，博采众长，再结合深厚的中医功底，学为己用，总结出一套属于自己的治疗理论，融会贯通，最终自成一家。

鲁老对于妇科疾病的诊治也有一些自己的见解。在年轻时，鲁老曾跟随妇科医师学习过一段时间，在这一过程中，鲁老领悟到了一些妇科疾病的诊治特点。他认为妇科疾病的治疗不同于内科外科疾病的是，医者需要考虑到女性特殊的生理特点，治疗中要结合"经""带""产"各期不同的特点，灵活处方，随证用药。他强调对于育龄期妇女，一定要详询病史，以免错漏。对于产妇要谨慎处方，切记禁忌药物，不可随意投之。

鲁老除了熟谙中医经典原著，对古今中外内外妇儿各科均有涉猎，通晓各家学说，各门流派。虽然鲁老以诊治疮疡起家，但他并未止步于此。他认为要想成为一个专业的临床医生，必须对各类疾病都有所了解，因此他潜心学习各科知识，积极跟师学习，吸取了各家所长，并将它们为己所用。

二、致力临床 兼顾科研

鲁老长期致力于临床工作，但仍不忘科研。鲁老善于总结提炼，更善于发现问题、提出问题、解决问题。具有前瞻性的眼光，深知临床要进步，离不开科研。鲁老结合各家所学及自己的临床工作，秉着严谨、科学性的科研思路，设计科研课题，研究多以临床研究为主。1972 年担任国家中医药管理局重点科研项目"灵猫香药用研究"临床组组长，该项目获 1982 年国家中医药管理局优秀科技成果三等奖，浙江省优秀科技成果二等奖。1990 年完成"类风湿康口服液治疗类风湿关节炎 Ⅱ 期临床验证"院内课题。2001 年完成"蒲灵栓剂治疗慢性前列腺炎"院内课题。先后在国内一、二级期刊发表了《蒲灵栓剂治疗慢性前列腺炎 47 例》《温和灸加痹症 1 号方治疗类风湿性关节炎30 例临床观察》《胆囊炎的组织病理分型与中医辨证论治关系探讨》《初探银屑病》《灵猫香外用 664 例临床观察》等论文 30 余篇，还参与编写了《中医外科学》教材。

三、学科细化 另辟蹊径

结束与恩师余步卿的跟师学习，鲁老回到浙江省中医院正式工作，从事中医外科临床工作。近代中医外科是一个由盛到衰、由粗分细的时代。原先的中医外科范围广泛，涉及疮疡、痔瘘、乳腺、蛇伤、五官、男性病、急腹症等，甚至骨伤、皮肤、肿瘤也隶属中医外科。随着社会的进步和医学的发展，疮疡的发病数急骤减少，骨伤、皮肤、肿瘤、痔瘘、五官、乳腺病、男性病、急腹症相继脱离中医外科，分道扬镳，甚至甲状腺、血管病、外科杂病也渐趋独立。在"众叛亲离"的情形下，为了求生存、求发展、另找出路，鲁老在 20 世纪 80 年代初改攻风湿病，但也不放弃中医外科。

西学东渐，风湿病的诊治和发展离不开现代医学，为进一步提高中医治疗风湿的疗效，鲁老拜师西医风湿免疫科许慧云医生学习。鲁老认真好学，勤学苦练，很快就掌握了风湿病的现代医学诊疗手段及相关进展。结合中医理论，提出"风湿病"治疗时，亦当辨病、辨证结合，并将中西医知识融会贯通，形成了一套独特的诊治风湿病的经验。

鲁老尤其擅长对类风湿关节炎、风湿性关节炎、退变性关节炎、痛风等疾病的治疗，帮助了许许多多的患者，在风湿免疫学领域声名大噪，解决了困扰很多患者的长年累月的关节疼痛问题。早年鲁老常见到很多病人受关节病痛折磨，更有严重者终日卧床，甚至有的患者最终致残，严重影响他们的生活质量。看到此情此景鲁老心生不忍，想要尽全力帮助这些患者，提高他们的生活质量，于是他便开始矢志于风湿痹证的研究，收集治痹良方200余首，从张仲景的桂枝附子汤到刘完素的防风汤，从张景岳的右归丸到叶天士的芪术固卫汤，经方时方验方家传秘方兼收并蓄。后经反复筛选、实践、应用，总结出专治类风湿关节炎的通痹良方一首，该方主要由全蝎、蜈蚣、白花蛇等组成。鲁老根据类风湿关节炎"风、寒、湿、瘀、虚"等特点，再加上该病不同时期的不同临床表现，通常将其辨证分为风寒湿痹、瘀血阻滞、气血亏虚、肝肾亏虚这四型。在临床治疗用药时，鲁老通常随证变方，在此通痹方的基础上进行加味，如风寒湿痹可加麻黄、桂枝、细辛、防风等，瘀血阻滞可加桃仁、红花、川芎、姜黄等，气血亏虚可加黄芪、党参、当归、熟地等，肝肾亏虚可加桑寄生、狗脊、川断、杜仲等。

鲁老认为中西医虽是两门不同理论体系的科学，但在治疗类风湿关节炎上均有悠久的历史及丰富的经验。两者各具特色、各有优势。中医中药可以使风寒湿邪得祛、经络得通、骨节得利，从而达到控制病情、缩短病程、缓解症状的目的，并能提高该病的治愈率和有效率。西医解热镇痛消炎药可以使关节肿胀、疼痛、僵硬、功能障碍等症状迅速缓解，从而减轻患者的痛苦，提高患者的生存质量。因此，在该病的治疗中，鲁老十分重视中西医结合及西为中用、衷中参西。

第四节　中西贯通，各取所长

鲁老虽然是中医学专业出身，但他的西医功力也十分深厚。他认为中西医的理论虽大不相同，但都致力治病救人，不管是中医还是西医，临床的疗效如何十分重要。而且中西医各有特色，在临床运用中要扬长避短，有所取舍，合理选择适合病人的治疗手段。

一、中医西医，各有千秋

中医、西医，它们的起源与发展大有不同。在人类历史的早期，医学最早是以哲学的形式出现的。古人类在对自身机体理解的基础上，提出了各种各样的医学理论。中医，也称"汉医"，是我国劳动人民创造的传统医学，拥有十分悠久的历史。它的历史可以追溯到原始社会，在春秋战国时期才形成了一些基础的理论，当时就已经出现了解剖和医学分科，四诊也开始得以运用，还发展出了砭石、汤药、针灸、布气等多种治疗方法。之后经过历代的发展总结，才有了现如今灿烂多彩的中医文化。中医理论是在古代朴素的唯物论和古人自发的辩证思想的指导下，通过长期的临证实践逐步建立和发展而成的一个医学理论体系，它承载着中国古代人民同疾病做斗争的经验和理论知识，是中国古代人民智慧的结晶。唐朝以后，中医学理论和著作大量流传海外，所以除了中国，其他一些汉字文化圈国家，如日本、朝鲜、韩国等都曾受到中医中药文化的深远影响。现今所谓的，如日本的汉方医学、朝鲜的高丽医学、韩国的韩医学，还有越南的东医学等，它们都是以中医理论为基础建立并发展起来的。

与中医不同，一般说到西医，大家首先想到的都是各种精密的仪器和各式各样的医学工具。现如今所谓的西医，通常是指西方国家的医学，其完整名称是"近代和现代西方国家的医学"，该学科起源于近代时期的西方国家，是近代的一些西方学者们在摒弃古代的西医之后，在解剖学、生物学、化学、物理学等学科基础上衍生发展出来的一个全新的医学科学体系，而且这一体系就是当今人们所说的"西医"。近现代西方国家的医学在过去的中国一直被称为新医，与当时的旧医（即中医）相对立而言，以此区分。因此，人们常说的"西医"其实更应该被称作"现代医学"。而真正的西医，遵循的其实是古代西方的"四体液"之说，与中医"阴阳五行"的理论十分相似。古代西方国家的医学起源于古希腊，那时的医学家提出了四体液学说，他们认为人体是由血液、黏液、黄胆液、黑胆液4种体液组成的，并且各个部分是相互联系的，身体中充满了各种液体，这些体液的平衡是机体赖以生存的基本条件，它们的平衡与否决定了个体的气色、气质和性情。然而随着科学技术的不断发展，以及人们思想观念的不断改变，现如今所谓的"西医"早已大不同前。文艺复兴以后维萨里建立了人体解剖学，17世纪哈维发现了血液循环，显微镜等实验仪器的发明问世，再到18世纪莫干尼建立的病理解剖学，而后在19世纪细胞病理学、免疫学方面的重大发现与突破，以及各种临床诊断辅助手段的应用，慢慢形成了如今的西医学，即现代医学。现代医学的诊断大多是借助先进的医疗仪器设备和各种实验室检查来对疾病做出准确的诊断。但除了对科技的运用，现代医学也离不开四诊，医生必须利用自己的感觉器官通过视诊、触诊、叩诊、听诊、嗅诊等方法或借助听诊器、血压计、体温表、叩诊锤等简单的医疗工具对病人进行全面而系统的检查，此外还可借助实验室检查、心电图检查、医学影像学检查等做出更精确的诊断，以此来判断患者的病情，进而快速地采取相应的治疗措施。正是由于其快速准确的诊断与治疗手段，使其一经推广即迅速在全球得到广泛应用。

二、西学东渐，中医受创

国外医学传入中国的历史最早可追溯到南北朝时期，但当时的西医学还未发展，因此未能撼动中医在当时的地位。明末清初，西方来华的传教士们在把基督教传布到当时中国的同时，也带来了西方的近代科学技术，其中也包括了当时的西医学。由于当时传播的主要是一些基本的生理解剖知识，且当时的西医在临床诊治技术上并不能与中医抗衡，所以并未产生很大影响。直到19世纪初期，西学东渐之风时兴，帝国主义列强对我国实行文化侵略，通过传教士布道等各种途径，西医学逐渐在我国各地传播开来。1835年11月4日，一家名为广州眼科医局的西式医院在珠江边上正式成立，与中医的私人小诊所不同，当时的这家医院可以说是规模宏大，它是由一座三层高的楼房组成，候诊室可容纳200位患者同时候诊，还拥有40张床位，可供40人同时住院治疗，另有医生护士组成的医疗团队，彼此分工，互相合作。更值得注意的是，它是成立于中国的第一家近代医院，可以说是意义非凡。

鸦片战争后人们开始反思，有一部分知识分子开始抛弃陈腐的观念，开始注目世界，探求新知，寻求强国御侮之道，萌发了一股向西方学习的新思潮，对封建思想起到了一定的冲击作用。这一场文化传播，在科学、政治、经济、哲学等各个方面，都对后来的中国产生了深远影响，而对于一般老百姓的生活来说，其重要的影响之一，即是对于健康观念及求医方式的转变。从一开始设立诊所到建立医院，从办立学校到吸引留学生，从翻译医书到建立医学学术团体等，教会医院由沿海地区进入整个内地，几十年的时间，教会医院在全国各地比比皆是，一步步取代了传统的中医诊所，成为当时民众看病的主要途径，也成为和教堂一样显眼的教会标志。

中医作为我国传承千年的传统医学，在西方医学的冲击下遭到了重创。西医在当时的广泛传播与发展，对整个中医界产生了巨大而深远的影响。由于各种原因，在当时的医学界出现了一些不同的声音，某些遭受帝国主义文化侵蚀及民族虚无主义思想严重的人，鄙视甚至反对我国的一些优秀传统文化，其中就有人对中医中药提出反对，他们认为医学无所谓中西医之分，只有新旧的差别，将中医称为"旧医"，而西医则为"新医"。更甚者，还有人认为医学只有玄学的医学和科学的医学之分，认为中医是玄学，没有科学的依据，主张全盘西化，摒弃中医，把中医中药当作封建文化糟粕的一部分加以反对。不过，也有一部分保守主义者因为受到故步自封的封建糟粕思想腐蚀，拒绝接受一切新事物。他们反对西医，认为西医学不适合中国人，西方人与中国人的脏腑及身体机能不同，用中医学理论来反驳，将西医视为谬论，进行坚决抵制。

三、衷中参西，取长补短

鲁老认为，作为一名中医学者，我们需要承认西方医学的先进之处，也要认识到中西医各有所长，将中西医学术加以汇通，各取精华，才能更好地治病医人。对中西医加以分析，便可知两者其实是和而不同，西医为近现代自然科学发展的产物，注重的是疾病直接病因及致病机制，在治疗上则擅长应用各种化学合成药物，直接针对疾病的病因及致病机制进行治疗，可以取得立竿见影的疗效，具有很强的科学性。许多被中医视为不治之症的疾病，在使用了西医的诊治手段之后都得以治愈，这在一定程度上弥补了中医中药的不足之处。同时也使部分学者及民众对中医产生了质疑和不信任。随着时间的推移和科学的进一步发展，如今人们开始意识到越来越多的疾病是西医西药无法医治的，而且西医西药存在着明确的毒副作用，于是人们又开始回归中医中药，试图在中医中药上寻求治疗方法。因此，我们可以知道中西医两者都有着各自的优劣之处，两者的互补可以说是必然的，也是必需的。

鲁老作为一个心胸开阔、思想开放的先进学者，并不排斥任何一种先进的医学理论。在临床工作中，鲁老可以很好地融汇中西医学，贯通传统与现代，他认为应该以疗效为标准，博采众长，取长补短，纳中西医而互通。他认为中西合璧才能更好地服务患者，中医学一直都是一门开放而包容的学科，所以他一向不排斥西医，常可取西医之长以补中医之短，用中医之法能填西医之缺，两者结合才能寻得最佳的治疗效果。

所谓实践是检验真理的唯一标准，对于医学也是如此。中西医之争，最终还是要从临床实践中见分晓。现在的各种医学理论都是人们在与各种疾病的长期斗争中总结出来的，并且至今仍处在不断完善的过程中，医生可以通过这些理论知识来认识并治疗疾病。鲁老深知这个道理，所以他十分注重实践，他认为中医作为一门临床学科，应该注重其运用后的临床疗效，而要想取得良好的疗效必然离不开临证实践。他认为要想成为一个优秀的中医大家，必须要专注于临床，只有勤于临证实践，善于思考总结临床问题及经验，才能形成一套完整的中医诊疗思维，日后方能在中医领域有所建树。

鲁老认为中西医并非水火不容，事实上两者可以互相借鉴，以弥补对方的不足之处。在临床工作中，我们可以把中医的辨证与西医的辨病结合起来。西医的辨病有着明确的定位作用，而中医的辨证论治是在整体观念的指导下对疾病的整体认识，两者结合有着很好的互补作用。中西医两者是互补统一的，而不是矛盾对立的。在中西医互补的实践应用中，作为一个中医学人，我们主要还是应该立足于西为中用的理念上，如此才能进一步提高中医的疗效，病人的疾病得以治愈，痛苦得以解决，自然也就有利于中医中药的进一步发扬光大，使得它可以更好地服务更多的病人。

在临床疾病治疗的过程中，中西医结合显得格外重要。一方面，在皮肤病的诊疗中，我们常先根据西医理论对疾病进行定性，诊断其具体为哪一种皮肤病，然后判断其病因，是与过敏相关还是精神因素致病，而后我们再在此基础上进行中医辨证论治往往可以很好地提高辨治的准确率，从而提高疗效。另一方面，西医可以为我们安全有效地使用中医中药提供保障，如部分变态反应严重的药物性皮炎患者，仅用中药控制病情往往效果不佳，此时若加用糖皮质激素抗炎、抗过敏，常能为我们的治疗提供坚实的后盾，很好地降低疾病治疗的风险。再如对于慢性荨麻疹的治疗，如果病人急于控制风团，我们应该首先选择一个合适的抗组胺药，然后再用中医中药进行辨证以补气固卫，再慢慢撤减西药剂量，这样病人才更易于接受，自然也可以取得更好的疗效。

鲁老十分擅于中西医结合、西为中用，对于类风湿关节炎的治疗，他深有体会，在长期临床工作中他总结了很多具有特色的诊治经验。他认为在治疗该病的问题上，中西医两者均有悠久的历史，都积累有丰富的经验。两者各具特色，各有优势。中医中药可以祛除风寒湿之邪，经络得通，骨节得利，从而达到控制病情、缩短病程、缓解症状等目的，并能提高该病的治愈率和有效率。而西医解热镇痛消炎药可以使关节肿胀、疼痛、僵硬及功能障碍等症状迅速缓解，从而减轻患者的痛苦，提高患者的生存质量。因此，鲁老临证十分重视衷中参西，他反对医学之间的门户之见，主张取长补短，衷中参西，西为中用。鲁老认为，在该病的治疗中，中医长于治本，西医长于治标，故务求相互结合，以相得益彰。对于该病早、中、晚各期的患者，鲁师认为，所谓治标，即暂时改善关节肿胀、疼痛、僵硬及功能障碍等症状，西药吲哚美辛、芬必得、舒林酸、双氯芬酸钠等非甾体类抗炎止痛药止痛之效甚宏，最擅于治标，但其性属寒凉，易伤脾胃之气，故均宜于饭后服用，且用量不宜过大，同时用药时间不宜过久，待关节症状改善应立即停药，并务在中药汤剂中加潞党参、炒米仁、红枣、陈皮、山药、白扁豆、焦白术、云茯苓等顾护脾胃。所谓治本，即祛除风寒湿邪、补益正气、调节机体免疫功能，在中医临床实践中，鲁老常在通痹方基础上进行辨证加减，具有很好的治本优势。

众所周知，糖皮质激素如泼尼松、地塞米松、阿赛松、美卓乐等西医治疗类风湿关节痛的药物，对患者发热、关节肿胀、疼痛及晨僵等症状有迅速而显著的缓解作用。因此，一些临床医师在该病的治疗过程中，为求急功，往往对激素的应用指征把握不严，有的甚至存在滥用的现象，对此鲁老十分反对。鲁老反复强调，各种激素只能暂时缓解关节症状。但既不能治愈类风湿关节痛，也不能阻止该病进行性关节破坏，而且使用该类药易出现消化道溃疡、向心性肥胖、骨质疏松、股骨头无菌性坏死等常见的不良后遗症。严重者还可致残甚至带来生命危险。因此激素治疗所产生的副作用及医源性破坏造成的危害甚至比疾病本身更严重。所以在使用激素治疗时要十分谨慎，除非其他治疗均不奏效或出现严重的多系统疾病如间质性肺炎、严重血管炎、大量的心包积液等急性重笃者，一般不宜轻易使用。针对已经使用激素的患者，鲁老则指出，若患者已经使用激素，且使用剂量较大或时间较久者，不宜骤停，以免引起病情反跳甚至迅速恶化，故而应在辨证施治过程中逐渐减量，最终停服。对于初用激素及所用剂量较小者，可直接停服。鲁老还指出，从中医角度讲，泼尼松等激素类药性属温热，易于伤阴，因此在使用激素的过程中，宜加女贞子、枸杞子等以补益肝肾之阴。同时，在撤减激素过程中，为避免出现病情反跳，可在中药汤剂中加上具有类激素作用的温阳补肾类药物如仙灵脾等，激素减量越多，仙灵脾用量也应越大，剂量宜在 5～30g，必要时还可更大一些。这些都是西医西药为鲁老所用的一种体现。

鲁老认为在未来一段时间内，中西医结合治疗依然是不变的趋势，他认为在临床工作的第一线奋斗的我们应该根据病人的需要选择合适的治疗方案尤为重要。一个合适的治疗方案不仅可以减轻患者的痛苦，还能避免不必要的经济负担。现如今西医也越来越讲究个体化治疗，这和中医的辨证论治有很大的相同之处。他认为在临床工作的岗位上中医应该尽量学习西医的规范性、便捷性等优点，西医也应该学习中医的治病求本、辨证论治的观念，将两者结合起来，这样才能更好地服务于患者。在临床学习和工作中鲁老也时常提醒学生，作为一个中医专业的学生，中医是我们的有力武器，我们要钻研它，精通它，但同时西医也是我们坚实的护盾，扎实的西医理论知识可以帮助我们规避很多不必要的风险，很好地提高临床诊疗的效率。

第三章

声名鹊起

第一节　分配下乡，钻修科研

　　1972 年，鲁老跟随下乡医疗队赴浙江省金华市浦江县巡回医疗，并在医疗队中担任副队长。下乡期间，鲁老探访过县城各个医疗机构，也深入过距离县城最偏远的乡村，那段经历，鲁老至今记忆犹新。一次闲聊中，鲁老提起曾有一位乡间的农民老伯，数年前被确诊为强直性脊柱炎，寻访了无数医生，尝试了数不胜数的治疗方式，大多只是暂时缓解症状，患病的这些年，脊柱逐渐变形，剧烈的疼痛折磨着这个年逾花甲的老人，农田被荒废，老人的脾气也变得越发古怪，村里人虽同情他，但也渐渐和他少了往来，鲁老在某次机缘巧合下认识了这位老人，老人面对这位来自省城的年轻医生并没有抱有多大期待，丢下一句"我没钱"，便想逐客，鲁老拉着老人的手，陪着老人聊天，为老人搭脉看诊，凭借耐心细致的诊病态度及高超的技艺，鲁老利用一周不到的中药处方，便将困扰老人多年的疼痛缓解了大半，老人对生活又开始充满希望，为之前对鲁老鲁莽的态度感到懊悔不已，更是钦佩鲁老的高超医术与医德。鲁老不仅为老人诊病，还帮助老人做些力所能及的农活，老人在左邻右舍多有夸赞，说鲁老对待病人就像对待自己的亲人一般，是个医德高尚的好医生。

　　鲁老在下乡期间，不仅治愈病患，还将自己的经验和研究心得无私地教给县城的基层医生。不仅在门诊时现场带教闻名前来的基层医师，门诊之余，鲁老还开设各类小课堂，邀请基层医生参加，并且不收取任何费用。在讲课中，鲁老将自己多年的从医经验和中医外科诊疗特色理念传递给基层，并开展多个病案讨论，同时自我学习出现在基层的疑难杂症，与当地医生进行深入探讨。用鲁老自己的话说："优势互补，取长补短，而后才能有所裨益。"目前活跃在浦江地区及附近城镇的皮肤科及其他中医外科学术带头人或科室骨干中，有不少都是当时跟随过鲁老学习、门诊的临床医生，他们也对有这样难得的学习机会和难忘的学习体验记忆犹新，鲁老治学、临证过程中的严谨、博学，也令他们印象深刻。时至今日，鲁老仍告诫即将下乡的学生们："下乡不是去享福的，是去学习、去分享、去感受的，如果你认为下乡只是做样子，那便还是不必去了。"鲁老严谨认真的态度感染了所有学生们，并成为学生们的学习标杆。

在下乡开展巡回医疗的同时，鲁老也花费了大量时间用于科学研究。1972～1982 年这 11 年间，鲁老担任国家中医药管理局重点科研项目"灵猫香药用研究"临床组组长。小灵猫是食肉目灵猫科动物，灵猫香系小灵猫之会阴泌香腺的分泌物，李时珍的《本草纲目》中记载："香气灵而神矣"，其中就有关于灵猫香民间药用的习俗，《本草拾遗》《异物志》中分别有"其阴如麝，功亦相似""其气如麝，若杂入麝香中，罕能分别，用之亦如麝焉"的记载。鲁老使用不同方法制成灵猫香相关的药剂，例如，将灵猫香和望春花共同制成膏药，或将灵猫香制成冷霜，或将其制成酊剂，抑或是取灵猫香加入其他药粉中，用艾绒作成雷火针等，选择扭挫伤、外伤血肿、乳房肿块及小叶增生、肌腱炎及腱鞘炎、腰椎肥大及腰肌劳损等十余种病症，均取得满意的疗效，在这期间，鲁老带领团队克服重重困难，按期完成关于灵猫香的科研任务。1982 年，"灵猫香药用研究"获国家优秀科技成果三等奖。1985 年，"灵猫香药用研究"再次获浙江省科技厅科学技术二等奖。鲁老一直认为，科研是需要服务于临床的，在鲁老的门诊患者中，有许多慢性前列腺炎的患者，鲁老认为，慢性前列腺炎的发病原因在于肾虚湿热下注引起瘀血，通过对灵猫香的一系列研究，鲁老还研制出由蒲公英和灵猫香等中药制成的栓剂，认为蒲公英可清热利湿解毒，灵猫香有辛温走窜、芳香通络、活血消肿、行气止痛之功能，而直肠给药可以使有效浓度在前列腺部位含量升高，不被胃肠道破坏，安全可靠，方便易行。鲁老利用 2 年多的时间，通过直肠给药的方式，使用蒲灵栓剂治疗慢性前列腺炎患者近 50 例，疗效显著。科研是中医药发展、延续的重中之重，鲁老始终认为，中医药的发展仍存在诸多不足，理念有异，观点不同，是中医药不能快速、广泛发展的问题所在，开展中医药的研究，并形成系统的报告，可以将研究成果进行合理高效的整合，让更多学者看到这些研究成果，以达成共识，并在此基础上进行更加深入的拓展和挖掘，这样才能让中医药得到更加长足的发展，将中医药的研究成果系统地展示给全世界，让全世界都认同我们的传统医学，让中医药走向世界，让中医药走得更好、更远。

第二节 言传身教，治学严谨

鲁老生长在绍兴的一个中医世家，从小耳濡目染，稍长后在父亲督促下阅读中医典籍，背诵汤头歌诀。在大学期间更是勤奋学习、刻苦用功，毕业从医后则是潜心钻研，博采旁骛。鲁老不但熟谙《黄帝内经》《难经》《金匮要略》《伤寒论》，对本专业历史上的几部经典著作如《医宗金鉴》《外科正宗》《疡科纲要》等更是读懂读透，烂熟于心。一些重要段落、经典章句还能背诵如流。对本专业历史上的各门流派，各家学说了如指掌，并用于指导临床实践。如治疗疮疡，鲁老比较推崇《医宗金鉴·外科心法要诀》，运用消、托、补三法；治疗痹病，则宗《外科证治全生集》之"阳和汤法"；治疗浊淋、膏淋，宗《医宗金鉴》之"知柏地黄丸法"；治疗急腹症，则宗《金匮要略》之"大黄牡丹汤法"。鲁老不但熟谙经典原著，同时还广泛涉猎古今中外各门流派，各家学说，谙习与本专业有关的各家理论、经典原著，以为己用，并虚心学习现代医学的各种理论，掌握西医诊治疾病的各种方法及手段。

在很长的一段时间内，鲁老既担任浙江省中医院中医外科主任，又担任浙江中医学院中医外科教研室主任，这代表鲁老不仅要在临床上承担门诊、科室的繁重任务，还要到学校为学生们教授中医外科学。虽然临床任务繁重，但对于教学任务，鲁老也决不含糊。听过鲁老上课的学生们都说，鲁老上课诙谐幽默，形象生动，常结合自己的亲身经历，以讲故事的形式将中医知识传授给学生们，让学生们意犹未尽，常到下课铃响才意识到课已结束。学生们印象深刻的还有一点，那就是鲁老上课，从不带教材，鲁老常对学生说："教科书的内容早已印入我脑中"。每讲到某一个病种时，鲁老都会结合临床上遇到的患者，讲述真实患者的病史资料和四诊摘要，从而进行辨证分析，深入浅出，生动有趣，让学生们牢记心中，终生难忘。每次的教师综合测评，鲁老的成绩总是遥遥领先，多次被学校评为优秀授课教师，学生们到医院学习，也多主动申请到鲁老的门诊，想要继续跟鲁老学习。

　　鲁老一直把"背、勤、恒、精、博"五字作为中医治学的要领。所谓"背"，即背诵，鲁老始终坚信，在对中医经典的掌握、领悟过程中，熟读并背诵经文是必经之路，尤其是《伤寒论》《金匮要略》《汤头歌诀》《黄帝内经》《外科正宗》等古籍的重点经文，鲁老皆能在临证时信手拈来。所谓"勤"，是指在中医典籍学习过程中勤思考、勤询问、勤做笔记，在中医临证过程中勤实践、勤总结，时刻保持良好积极的学习态度，举一反三，触类旁通，才能真正在中医学习过程中提高自身，产生新的认知。所谓"恒"，即恒心，鲁老常鼓励学生："我并非比你们天资聪慧，只是笨鸟先飞、贵在坚持罢了"。学习中医的道路是漫长而曲折的，大部分人在初期数年间都无法领悟其真谛，必须持之以恒，秉持着非比寻常的坚定信念，才能厚积薄发，悟出一星半点的中医精髓。所谓"精"，鲁老将其分析为精细、精专，从而精益求精。面对经典古籍，并非泛读即可通透，需精细研读，反复斟酌，在临证时回顾品味。时至今日，鲁老仍会反复精研中医外科经典著作，并时时有新的认知和体会。所谓"博"，即博采众长，中医外科学素有三大流派，即正宗派、心得派、全生派，鲁老通过研读各大流派代表作，集合其父、余步卿老先生以及其他名家学术思想，批判学习，终自成一家，鲁老常道"博而为一"，即是此理。

　　实践出真知，鲁老始终认为，临床是学习中医中药的重要途径。鲁老曾告诉自己的学生，曾经有一次，鲁老参加一个全国的学术会议，其中有北方的专家提出一种新的治疗方法用于治疗银屑病，鲁老觉得非常兴奋，回到杭州，他便将这种治疗方法尝试于一些自己的病患上，可是效果却平平无奇，鲁老因此告诫学生，不要急着照搬照抄他人的治疗经验，要在实践中寻求解法，并从中总结出自己的经验，并加以优化，形成自己的理论和体系。中医作为华夏儿女数千年来与疾病作斗争总结出来的宝贵经验，必须用于临床、实践于临床，指导我们抵御疾病。纸上得来终觉浅，绝知此事要躬行。鲁老认为，只有将中医理论运用于临床，重视临床疗效，才可从根本上发展中医，如若离开临床，再多精妙的中医理论也将成为一张白纸，被人遗忘。如今，鲁老虽近耄耋之年，仍坚持每周坐诊，在临床中积极总结，对银屑病、湿疹、痤疮等皮肤疾病，慢性前列腺炎、阳痿等男科疾病，类风湿关节炎、强直性脊柱炎等风湿科疾病归纳概括，提出自己的观念见解。

　　面对现代医学的快速发展，医学领域的研究已进入分子生物学阶段，基因研究成为热门，鲁老观察时事，时常告诫学生：人是一个有机的整体，必须有明确的整体观，传统中医药重视临床疗效，切不可以某类药物对人体细胞、基因水平的作用来衡量药物的临床治疗作用，以免以偏概全，一叶障目。鲁老始终坚信，在中医整体观的指导下，在目前及未来很长的一段时间内，临床疗效观察将是中医药研究的重要手段，学习过程中切不可忽略这一点。

鲁老在培养中医人才时，注重理念创新，重视学生的思维能力、动手能力的培养。他认为当代优秀的中医人才首先要具备科学的思维方式和灵活的动手能力。他时常教导学生要抓住眼前的机遇，努力学习，珍惜宝贵的时间，把理论知识学扎实，而后再到临床上实践，再返回来验证书本的知识，再实践，这样循环往复，才能不断提高专业水平。看病过程中，不能把能医治普通疾病作为目标，而要钻研怪病、难病，才能有所突破。如在行医初期，取得一点小成就，得到表扬或患者的好评，不可骄傲自满，如遇挫折，也不可气馁，应愈挫愈勇。

鲁老始终坚持言传身教，一直坚持亲自带教学生，为学生解惑答疑，不厌其烦，毫无保留地将自己几十年的经验总结出来的治疗心得和经验方传授给弟子，只为引领学生们传承中医，发展中医药，为患者们谋福利。鲁老常说："我只是一颗肥料，你们需要吸收成千上万的肥料，才能苗壮成长，将我们的共同信仰——中医药发扬光大，这是我终生的心愿。"

鲁老不仅对中医外科理论进行概括总结，还将自身的中医外科学教学经验进行总结，1989 年，鲁老的《中医外科教学体会》获浙江省中医学会论文三等奖，鲁老在论文中提到，学习中医外科，需熟读《医宗金鉴·外科心法要诀》，即使是中医外科教学者也不例外；并且要突出外科特点，外科诸症多数是看得见摸得着的疾病，如疮疡、肿瘤、痔瘘等，必须力求理论与实践的结合。在教学过程中，放映录像和幻灯，甚至请任课老师带学生前往动物园参观各类毒蛇来讲解毒蛇咬伤，还进行各种形式的学术讲座，如将典型患者请到课堂，现身说法；另外，要因病、因人制宜，往往需要增加西医的知识将课程讲得明白透彻。外科疾病不能与其他疾病一样，都是病因病机、辨证分型这样"千病一面"的形式，如直肠癌，重点是早期诊断的手段，即直肠指诊，而其一经明确诊断就必须优先考虑手术，不可一味清热解毒加抗癌中草药以拖延病情，耽误治疗；了解社会需求、学生的心理，讲课时有所侧重，相应修改教学大纲，根据不同的年级，调整上课内容，增加附属医院有丰富临床经验的医师的教学时数，有效提高专业班学生的操作技能和实践能力；取长补短，在鲁老的带领下，教研室形成了青、中、老的梯队形式，这样可以相互配合、协作和互补短处。其中，中年教师"近水楼台"，承上启下，肩负教学重担，老年教师诲人不倦，奋蹄不息，全体老师团结一致，紧密协作，形成良好的教学氛围。

第三节　初任主任，任重道远

1984 年，鲁老担任浙江省中医院（即浙江中医药大学附属第一医院）中医外科主任兼浙江中医学院（现浙江中医药大学）中医外科教研室主任。中医外科病种非常复杂，包括皮肤病、肛肠疾病及乳腺病等，当时浙江省中医院这些科室也已经细分，但各个科室的疑难杂症仍需鲁老会诊，指导治疗。

鲁老初任主任，同时兼着学校的教学工作，任务的繁重程度难以想象。作为主任，需要团结好所有的科室医师，鲁老提倡一视同仁，关怀每一位下属医师，大到他们的专业提升、小到他们的家庭孩子，鲁老都会细致帮助，在同事中树立了和蔼可亲，又不失严谨认真的形象。除了解决科室里的各种琐碎事物，鲁老同样要像其他同事一样出门诊，但他从来不会因为自己的行政职务而忽视自己的门诊工作，对待每一位病患，鲁老依旧是细致问诊，仔细书写病案，细心交代注意事项，面对患者，从不嗔怒或不耐烦，时刻保持亲切、温和的姿态，让病患得到身心的慰藉。

医院的任务繁重，学校的教学也不可耽误。每次授课，鲁老从不迟到，面对讲台下那些青涩、渴望知识的脸庞，鲁老相信，那便是中医的未来，每一次授课，每一个板书，鲁老从不懈怠，认真地将自己所学所见、所闻所感一一授予学生。鲁老希望，用自己的言行来影响这些学生们，让他们在进入临床前，储备好自己，做好万全的准备，授人以鱼不如授人以渔。鲁老总是告诉自己的学生，思考、实践，然后出真知。除了在学校的课堂教学，鲁老还关注临床教学，他鼓励科室其他医师加入教学队伍，积极从事临床带教，在教学的同时，温故知新，扎实自己的基本功，不忘初心。

鲁老在临床实践中，为提高科室年轻医师的临证水平，潜心钻研出多个经验方，教授其他医师，从而提升整体科室医疗水平。对于风湿病，鲁老研制出"痹症系列方"；对于胆道和急腹症系列，"红藤汤"是鲁老取张仲景《金匮要略》中"大黄牡丹汤"法创立的治疗急腹症的经验方。鲁老认为：急腹症总的病机也就是不通。湿热瘀血、宿食痰浊停滞中焦，不通则痛。根据急腹症的这个病理特点，鲁老创制了"红藤汤"。临床上用于治疗各种急性腹痛，如急性阑尾炎、肠梗阻等病人，中医辨证属于腑实证者，疗效卓著。"红藤汤"作为协定处方，多年来在省中医院许多科室频繁地使用，且具有一定的社会影响；在皮肤病方面，鲁老取《外科正宗》中"消风散"之意创制了皮灵1号方，广泛用于各种急性皮肤病，症见皮肤各种红肿、斑疹、丘疹、风团、疱疹、脓疱、瘙痒、结节等，中医辨证属于风热、湿热、热毒侵犯肌表或脏腑内热传于肌表者。如各种热疮、湿疮、药毒、隐疹等。宗《济生方》"当归饮子"法而创立了皮灵2号方，临床上将之广泛用于各种慢性皮肤病，症见皮肤各种斑疹、鳞屑、糜烂、瘙痒、皲裂、苔藓样变等，中医辨证属于血虚风燥或气血不足，如各种慢性荨麻疹、慢性湿疹、皮肤瘙痒症、牛皮癣等；对于男性病系列，鲁老取《医宗金鉴》"知柏地黄丸"之意，根据前列腺炎早期的病机为下焦湿热蕴结创制"清肾1号"，并在此基础上，根据慢性前列腺炎后期浊瘀停滞下焦的病机研制出"清肾2号"，用于破瘀泄浊，清热利湿，利尿通淋，兼有温肾壮阳之功效。鲁老一生的经验都化作个个经验方，流传在科室每个新老医师的处方中，一代又一代地传承，将浙江省中医院皮肤科、乳腺科等科室发扬光大。饮水不忘挖井人，鲁老是永远的功臣。

第四节 妙手仁心，医德高尚

鲁老医术超群，用药习惯简洁高效，治疗中医外科疾病疗效确切，前来就诊的患者络绎不绝。在门诊过程中，鲁老常跟学生们说，要体会患者的求医心情，无论如何，不可与患者红脸，需耐心细心，询问患者需求，尽可能帮助解决。常常会有外地赶来的患者，没能抢到鲁老的门诊号，小心翼翼地从门缝里探进来，试探地询问是否可以加号，鲁老了解情况后，宁愿牺牲午饭时间，也会为病人加号看病，常常一坐就是大半天，连喝水、上厕所的时间都没有。鲁老常挂嘴边的一句话，让学生们印象深刻："这些病人就是冲着我来的，我不给他们看好病，我心里过不去。"无论时间有多紧张，鲁老都是认真对待每一位患者，仔细查体，评估病情，认真书写病案，包括四诊摘要、辨证论治、理法方药等，绝不含糊。有时遇到外地语言不通的患者，着急想表述自己的病情而致言语混乱，鲁老会很慈祥地看着患者，告诉患者不要着急，慢慢说。开完药后，鲁老也不急着让患者离开，而是将患者需要注意的生活事项、日常锻炼等一一说明，一上午的门诊，可能同样的话需要重复很多遍，但鲁老始终不厌其烦、耐心细致地叮嘱患者。鲁老始终将"以患者为中心"的理念贯穿行医生涯，始终保持实事求是的态度，重视客观实际情况，秉持大医精诚的精神，赢得了患者的信任与高度赞扬。

鲁老自幼时起，便得父亲的耳濡目染，父亲对待患者的温和亲厚，在鲁老心中埋下了深深的种子，也为后来其毅然决然走上悬壶济世的道路埋下了伏笔。鲁老跟随余步卿老先生学习期间，余老的一言一行让鲁老记忆深刻，曾有患者手持其他医生开具的处方前来询问余老，余老总说："此方甚好，理法方药很完全，对您的病症也很合适，我为您稍微修改一下，您再试试。"言语间表现的是大学者的气度和风范。鲁老行医后，也常遇到此类情况，鲁老时刻谨记老师教诲，始终秉持着尊重同道，不诋毁他人的铁律，哪怕遇到与自己辨证不符的处方，也多向患者解释，"殊途同归，每位医生都有自己的观点和见解，都是有道理的"。鲁老常说，"医品即人品"，学医之前先要学会做人，医者切忌同行之间相互诋毁，通过排挤毁谤他人来提升自己的水平的医者是无良无德之医，这些话，学生们牢记于心。

鲁老行医初期，经济并不宽裕，但凡遇到经济条件拮据的患者，总会想尽办法帮助患者减轻负担。曾有很多从农村前来求医的老年患者，他们患的可能是银屑病、类风湿关节炎等需要长期服药的疾病。常年的耕作生活让他们看上去黝黑干枯，瑟缩的双手不安地叠放着，希望城里的专家可以治好他们的病，但又担心治疗的费用是他们负担不起的。鲁老面对这样的患者，心中早已有了盘算，他告知患者，待病情缓解时可以一剂中药服用2天，剩下的中药渣可以再熬一次用来外洗，这样，半个月的中药可以让患者服用1个月，又免去了外用的药物，减轻了患者不少的经济负担。这个习惯，至今鲁老仍保持着，每每遇到从外地赶来的，看上去经济条件不佳的，自费的病人，鲁老总是先将预计的用药疗程告知患者，如患者经济困难，便想方设法帮助患者减轻负担。患者们也将这位省城的老中医当作恩人一般，来复诊时常会带来家乡的农副产品送给鲁老，鲁老都会拒绝，并告诉患者："你的康复，便是我最大的礼物"。鲁老时常教导身边的学生，医者需要有爱心和仁心，这是成为一个合格医生所必需的条件。能够设身处地地为病人考虑，忧病人所忧，想病人所想，病人来就诊，就是将自己的健康交付于医生，将自己全部的隐私坦白于医生，医生不能只为自己的个人利益而对不起病人，对不起自己的良心。由此可见，鲁老的医德是如此的高尚，获得了同行的高度认可和学生的敬爱，展现了作为中医大家的风度风范，是值得我们学习的榜样。

第五节 老骥伏枥，杏林芬芳

鲁老是浙江省中医院中医外科的主任，也是浙江中医药大学中医外科教研室主任，组建了浙江省中医药学会中医外科分会，是浙江省中医外科的奠基人，对我省中医外科事业的发展起到了举足轻重的作用，在中医外科领域享有崇高的名望。省内各级医院中医外科、皮肤科、风湿科等医生先后至鲁老处进修学习，不管来自多偏远基层，不管中医外科基础如何，只要有一颗想要好好学习的心，鲁老均一视同仁，毫无保留，倾囊相授。鲁老常说："我教会了你一个，大约可以造福你们那里数千人，何乐而不为呢？"

鲁老在平时工作中，兢兢业业，勤于笔记，并常教导学生"好记性不如烂笔头"。有时，鲁老也会翻看学生的笔记，写下批注，与学生沟通探讨。在教学期间，鲁老关心每一位进修学习的医生。曾有一天，一位基层医生未来跟诊，鲁老在门诊间隙，多次询问其同伴，并要求打电话给该位医生，后得知该位医生临时回乡办事，鲁老才放下心来，嘴里念叨着"既跟了我，哪怕一日，也是我的学生，我要对他负责"。这件事触动了所有在场的学生们，鲁老的形象也变得越发高大。

鲁老对待每一位学生，皆和蔼可亲，以朋友相交，许多学生学习期满回到当地单位后，会书信于鲁老，或回来看望鲁老，将自己临床上的体会和困惑与鲁老分享，鲁老亦会耐心细致地倾听，并给出自己的意见。鲁老的手机24小时开机，时常会有曾经的学生打来电话，或问候，或询问在临床上遇到的疑难杂症，鲁老从不会不耐烦，哪怕在吃饭时，也会放下筷子，跟学生热烈探讨，遇到有特殊教育意义的病例，也会让学生们带到中医外科学术年会上分享并讨论。在鲁老处进修过的医生，多因业务水平高、医德医风好，回单位后成为专业学科带头人或业务骨干成员。鲁老虽对学生和蔼，但亦严格，每月的跟师心得体会和出师论文，鲁老都会仔细评阅，如有不中意者，必会和学生当面详谈，提出自己的意见，并要求学生重写。鲁老的责任心在此可见一斑。

鲁老退休前，长期承担浙江中医学院的教学工作，深受学生的爱戴和好评，多次被评为浙江中医学院优秀带教老师，从鲁老的课堂上毕业的学生数不胜数，而且现在多已成为医院领导或科室主任，培养的中医外科、皮肤科人才更是遍布全省，桃李满天下。鲁老自身也获得相当多的荣誉及学会任职。1995年，鲁老任浙江省中医临床专科（专病）中心（基地）建设专家组成员。

1996 年，鲁老被评为浙江省省级名老中医。2000 年，鲁老任浙江省中医药外科学会分会主任委员。2002 年，鲁老被国家中医药管理局评为第三批全国老中医药专家学术经验继承工作指导老师，同年，被聘为浙江省中医研究院的研究员。

2005 年退休后，鲁老继续担任浙江省中医药学会外科分会名誉主任委员、全国外科学会名誉顾问，并一直关心着学会的发展和最新的学术动向。学会的每次年会，鲁老都坚持参加，并对新的动态及汇报的案例进行点评。不论刮风下雨，每周坚持门诊至今，并带教学生，力求不脱离临床。在门诊之余，鲁老还组织总结了余步卿老先生的经验论文 20 余篇。2012 年，在浙江省中医院相关科室的共同努力下，获国家中医药管理局批准成立"鲁贤昌名中医工作室"，并成功举办了 2 次余氏外科学术经验传承推广学习班，将余氏外科独特的学术思想及经验进一步总结和推广。2013 年，在国家中医药管理局的组织及工作室成员的共同不懈努力下，结合现下的现代信息科学技术，整合所有名老中医材料，建立了全国名老中医药专家传承工作室信息网络平台，并且在第一时间上传了鲁老的临床临证医案、临证指导、鲁老亲自参与拍摄的教学视频、工作室成员整理发表的鲁老的学术思想和临证经验等内容，并实现平台资源共享，更好地传播了鲁老的学术思想和经验，使更多的临床医务工作者对中医外科的诊治思路及诊治手段有更深入的了解，有利于全面提高临床医务人员的中医外科学术水平，并有利于临床，使更多患者得到治疗和帮助，解除了患者的痛苦，从而为中医药事业的发展做出自己的贡献。

第四章

高超医术

第一节 治皮肤病，辨证统一

一、皮损辨证，整体论治

鲁老在从医前期，曾师从多位中西医皮肤病的专家、前辈，鲁老自己也对皮肤病有过大量的实践与探索。鲁老认为，皮肤病的治疗应遵循辨证论治与整体观念这两条中医学指导临床诊治疾病的基本法则。皮肤病的临床表现大多以皮损为主，所以以皮损辨证非常重要，同时辅以整体观。结合皮损的表现、部位，可以判断该皮肤病的寒热虚实、标本缓急及病变的原因等。

皮肤病的皮损为皮肤病的客观体征。皮损可分为原发性损害和继发性损害，但有时两者不能截然分开。掌握这些皮损的基本特点，对皮肤病的诊断、辨证治疗都非常重要。如原发性损害的斑疹根据皮损色泽不同分为红斑、色素沉着斑及色素减退斑等。红斑压之褪色者多属血热；压之不褪色者除血热外，尚兼血瘀；红斑稀疏者为热轻，红斑密集者为热重，红而带紫者为热毒炽盛。红斑常见于药毒、丹毒等皮肤病。色素沉着斑如黧黑斑，是肝肾不足、气血瘀滞所致。色素减退斑多由气血瘀滞或血虚兼风邪所致，最常见白驳风。继发性损害的鳞屑，急性病见之，多为余热不清；慢性病见之，多由血虚生风、生燥，皮肤失于濡养所致。原发性皮损多为急性皮肤病，继发性皮损多见于慢性皮肤病。

又因人是一个整体，"有诸内者，必形诸外"，故在皮损辨证的基础上，应强调从脏腑、气血、阴阳失调诸方面加以探讨，并且强调内因和外因的互相影响关系。在皮肤病的护理上，强调天人合一，注重现代生物－社会－心理的医学模式，促进疾病的恢复。

二、辨清急慢，治宜清养

鲁老认为皮肤病首先要辨清急性与慢性的区别，在治疗方面应当分清养。

急性皮肤病一般是风、湿、热、毒、虫等外邪导致的，大多起病急骤，皮损多表现为红肿热痛，有些伴有明显的渗出，以实证为主。在治法上多以清热化湿、凉血解毒为主。鲁老治疗皮肤病的经验方皮灵1号就是宗《外科正宗》"消风散"法而创立的，功效祛风清热、凉血解毒。

医案1 虞某，女，28岁，护士。因"头面部及左大腿肿胀、瘙痒数天"就诊。

专科检查：头面部肿胀，以眼眶周围为甚，眼裂成缝，丘疹密集，色潮红；左大腿肿胀，腘窝部可见丘疹，伴见大片水疱，有大量渗液，少部分已结痂。舌质淡，苔黄腻，脉细数。

中医诊断：急性湿疹，证属湿热蕴肤证。

治法：拟清热利湿止痒。方以银藓止痒汤加减。金银花30g，丹皮30g，白鲜皮30g，地肤子30g，淡条芩12g，苦参12g，生石膏（先煎）30g，通草6g，杭菊花6g，绿豆衣6g，六一散15g，车前子12g，车前草12g。共7剂。六神丸3支。

服用方3剂后，患者瘙痒症状明显减轻，渗液减少，皮色潮红稍退。仍按原方稍作加减，连续服用1个月后痊愈。

按：湿疮病机总属风湿热邪浸淫肌肤而成，急性期以湿热为患，治疗以清热利湿为主。方中金银花清热解毒，绿豆衣清热除烦解毒；因湿盛脂水淋漓，肿胀明显，故以通草、车前子、车前草利水消肿，白鲜皮、地肤子祛风除湿止痒，苦参燥湿止痒；因瘙痒甚，故加六一散、生石膏、条芩；辅以杭菊花养肝明目，丹皮清热凉血。全方共奏清热利湿止痒之功。

鲁老指出，治疗本病尚需结合外治，如稠水多时用炉甘石粉剂外掺，稠水减少时则可用甘脂散拌麻油调敷。在湿疹的预防护理上，鲁老常嘱咐病人树立治愈疾病的信心，日常生活中注意不要用太热的水烫洗皮肤，也不要用强刺激的肥皂、沐浴露清洗皮肤。尽量避免搔抓，加强对皮肤的保湿工作。饮食上避免鱼虾蟹、牛羊肉等发物。

慢性皮肤病大多发病缓慢，皮损表现多为皮色晦暗，皮肤粗糙，色素沉着，鳞屑增多，这些临床表现多由血虚风燥、脾虚湿蕴或肝肾不足所致。故治法上也以养血润燥祛风为先。鲁老治疗皮肤病的经验方皮灵2号就是取《济生方》"当归饮子"之意，功效养血润燥，兼有祛风，主治慢性皮肤病。

医案2 郑某，男，81岁，2011年11月2日初诊。

主诉：全身皮肤瘙痒8年余。

病史：数年来，患者无明显诱因出现全身皮肤瘙痒，每年冬天加重，尤夜间为甚，影响睡眠，故来我科门诊求治。

专科检查：患者形体羸弱，皮肤干燥粗糙肥厚，有糠状脱屑。四肢、躯干有抓痕、血痂，沿抓痕有线状色素沉着及皮肤苔藓样变，大便干结，舌质淡，苔薄白，脉沉细。实验室检查血糖值在正常范围。

西医诊断：老年性皮肤瘙痒症。

中医诊断：风瘙痒，证属血虚肝旺。

治法：养血平肝，祛风止痒。

方药：皮灵2号加减。当归30g，生地、川芎、何首乌、制何首乌、黄芪、白蒺藜各15g，茯神、荆芥、防风、白芍、苦参、生甘草各10g。共7剂，水煎服，嘱每日用护肤液涂抹身体。

2011年11月9日二诊，瘙痒明显减轻，已能安然入睡。上方减茯神、制何首乌，加牛膝10g，继服10剂而愈。

按：本例患者年老体弱，脏腑功能衰退，人体气血不足，风邪乘虚外袭，血虚易生风，肌肤失养而瘙痒，《杂病源流犀烛》中记载："血虚之痒，虫行皮中，皮虚之痒，淫淫不已。"故鲁老选用皮灵2号以养血平肝、祛风止痒。皮灵2号取《济生方》"当归饮子"之意，功效为养血润燥，兼有祛风。方中用当归甘温补益，养血活血，生地黄、白芍寒凉补益、清热凉血、滋阴养血，川芎活血祛风，以调和营阴，使血脉调畅，内有所据，外邪难侵或风邪去不复来。在滋阴泻火的群药中加入一味甘温的黄芪，血中血药与血中气药相配，动静相宜，达补血而不滞血，行血而不伤血，温而不燥，滋而不腻之效，使气血生化有源，新血生则瘀滞消。再以荆芥、防风、白蒺藜祛风止痒；以何首乌、制何首乌补肝肾，摄精养血祛风。本方滋阴与祛风并重，使风邪去，阴津生，以养血活血，肌肤得以润泽，瘙痒自止。最后由于本患者无法安然入睡，故加入茯神滋阴安神助眠，生甘草调和诸药。

三、皮科疾病，从脾论治

鲁老在皮肤科学临证几十年，又归纳《医宗金鉴》的理论，提出皮科从脾论治的特色中医学术思想。

近年来随着人们饮食和生活方式的改变，皮肤病的发病率有逐年上升的趋势，其种类繁多，病因复杂，是可以发挥中医学优势的一个临床科目，由于其病变表现于外的特殊性，很多医家重视局部皮损辨证，却忽视内在脏腑辨证，中医讲求整体观，皮肤病其虽形于外却根于内，热邪、湿邪是导致皮肤病的主要病邪，脾为生湿之源，胃为成温之薮，并且脾胃为后天之本，气血生化之源，故脾胃无论对于皮肤病实证、虚证的发生发展和治疗都具有重要作用。

鲁老对东垣之脾胃论推崇备至，鲁老认为脾胃为后天之本，气血生化之源。《素问·经脉别论》里提到"食气入胃，散精于肝，淫气于筋。食气入胃，浊气归心，淫精于脉。脉气流经，经气归于肺，肺朝百脉，输精于皮毛。饮入于胃，游溢精气，上输于脾，脾气散精，上归于肺，通调水道，下输膀胱。"《太平圣惠方》记载："脾胃者，水谷之精，化为气血，气血充盛，营卫流通，滋养身形，荣以肌肉也。"脾主升，胃主降，脾胃的运化动能正常，才能完成食物的消化吸收及精微物质的输布。脾胃处于病理状态，不能化生水谷精微以濡养肌肤。加之脾失健运，水湿内停，外泛肌肤，皮损表现会有水疱、糜烂、渗液。而如皮肤病粉刺的发病多因饮食失节，过食辛辣刺激、油腻之品，久则伤及脾胃；或情绪不畅，肝气犯胃，致使脾胃运化失职，内生湿热，湿热蕴结，日久累及血分而化为热毒，瘀阻血脉，血热内蕴，而面部血络丰富，肌肤薄弱，则凝滞于面部，热毒外发，成为粉刺。故脾胃功能失调，与许多皮肤病息息相关，从脾论治皮病的意义变得极为重要。

医案 李某，女，58岁，2005年初诊。

主诉： 前胸、肩部疼痛20余年，掌跖部脓疱10年，加重10个月。

病史： 患者自诉20多年前与家人争执后出现前胸、肩部疼痛不适，未予以治疗，后疼痛逐渐加重，伴局部红肿，无其他不适。而后渐出现活动受限，不能提重物，反复发作。约10年前，在疼痛发作时伴双手掌、足趾出现散在粟粒大小脓疱，于当地医院诊断为"掌跖脓疱病"，予以口服及外用药物（具体不详）治疗，效果尚可，但易复发。10个月前无明显诱因出现胸肩部疼痛加重，双手掌及足趾处再次出现成群脓疱。9个月前就诊于北京某医院，诊断为"掌跖脓疱病性关节炎"，予以注射"类克"治疗，症状明显好转，但治疗期间因反复出现药疹而停药。近1个月来，掌跖部皮损较之前加重，且躯干部出现散在片状红斑，瘙痒剧烈。

专科检查：掌跖部可见花生粒至板栗大小的对称性红斑，其上散在米粒大小脓疱，伴角化及脱皮，无破溃及渗出；双侧胸锁关节处隆起，双肩关节及胸骨多发压痛，余关节未见明显异常。CT显示：胸锁关节面不规则破坏，关节面边缘骨质增生硬化，第一、第二肋软骨硬化。实验室检查：血沉为76mm/h；C—反应蛋白为22mg/L；类风湿因子为阴性。血常规、尿常规、肝功能、肾功能、血脂、血糖等未见明显异常。面色萎黄，神疲乏力，纳少，食后腹胀，二便尚可。舌淡，苔薄黄，脉左沉弦，右浮滑而数，但沉取无力。

西医诊断：掌跖脓疱病性关节炎。

中医诊断：涡疮。

辨证：脾胃气虚，湿热阻滞。

治法：清热燥湿，理气和中。

方药：黄芪30g，金银花15g，连翘15g，龙胆草10g，党参15g，陈皮15g，当归10g，白术10g，砂仁15g，茯苓15g，防风15g，白鲜皮10g，红枣10g，炙甘草6g。共5剂，水煎服，每日一剂。外用松馏油霜及复方地塞米松霜，2次/日。

2005年4月10日二诊，服上方后，患者症状缓解，无新生脓疱，瘙痒明显好转，胸肩部疼痛略有减轻，腹胀症状消失。上方去龙胆草，续服7剂。

2005年4月25日三诊，瘙痒及皮损基本消失，胸肩部疼痛明显减轻。上方去金银花、连翘，加玉竹10g，续服14剂。停用外用药膏，胸肩部偶有疼痛，且疼痛较轻。随访1年，未见复发。

按：掌跖脓疱病患者多因禀赋不足、脾气不振，或郁怒伤肝、横逆犯脾，或饮食不节、思虑伤脾，脾失健运，湿热毒邪内生，复感风热毒邪，内外搏结，脾主四肢，湿热蕴结，流溢四肢，浸淫肌肤，阻滞经络而发。本病属脾胃气虚、湿热蕴结证，遵照中医学"急则治其标，缓者治其本"的原则，兼顾用药，故治宜清热解毒，燥湿健脾。方中以龙胆草、黄芩、金银花、蒲公英清热解毒；苍术、砂仁、厚朴燥湿健脾，与辛温之当归配用，可防止上述诸药苦寒败胃；当归、生地滋阴养血，又可防止热盛及苦寒燥湿之药耗伤阴血，以使标本兼顾；茯苓、猪苓、薏苡仁健脾利湿；陈皮行气消积；党参、白术、红枣健脾和中；防风、白鲜皮祛风止痒；炙甘草调和诸药。上药合用，使热清毒泄湿祛，脾胃和健，诸证乃可相应而愈。

四、病证结合，中西共治

鲁老在强调中医辨证的同时，对西医也非常重视，他强调病证结合，认为辨证和辨病同样重要。事实上，中医的某个证（证候）可以出现在西医的不同疾病中，而西医的某个病的不同阶段又可包括中医不同的证，如急性湿疹、接触性皮炎、急性荨麻疹等疾病某一阶段均可见皮疹色鲜红、皮温增高，辨为热毒夹湿证。而湿疹在急性期、亚急性期及慢性期可分别表现为湿热蕴肤证、脾虚湿蕴证及血虚风燥证。鲁老认为，中医强调整体观念，认为人是自然界的一部分，大自然包括宇宙、天文、地理、气象、人体、生物等，是一个整体。人的机体也是一个平衡、协调的整体，具有完整性和统一性。中医认识疾病和治疗疾病是从宏观的角度出发，运用四诊八纲的手段，从整体上对疾病进行辨证施治的。而现代医学运用各种先进的诊疗手段和化验技术，从微观的角度来认识疾病和治疗疾病的。

医案 1 患儿，女，5 岁，2014 年 7 月 31 日初诊。因"全身反复起皮疹 3 年余"就诊。

病史：3 年前患者无明显诱因全身出现暗红色丘疹，口服抗过敏药及外用药膏涂擦后，病情有所控制，此后每于秋冬季即发。皮疹发作时初起为红斑、丘疹，继之丘疹搔之破溃，后有少量鳞屑覆盖，营养不良面容，便溏，消瘦。

专科检查：颈部，躯干，四肢皮肤粗糙，干燥，可见散在暗红色丘疹，伴有抓痕，结痂后融合成片，上覆有白色鳞屑。舌质淡胖，苔有齿痕，苔薄白或白腻，脉缓。

西医诊断：特应性皮炎。

中医诊断：奶癣，证属湿重于热。

治则：健脾除湿、疏风清热止痒。

方剂：参苓白术散或除湿胃苓汤加减。方药：党参 15g，陈皮 12g，炒白术 10g，茯苓 10g，泽泻 10g，滑石 12g，黄芩 6g，连翘 9g，白鲜皮 9g，秦艽 10g，甘草 10g。每日一剂，水煎服。局部外用 0.03% 他克莫司软膏外涂，同时配合抗感染治疗。

按：湿重于热证，患儿多体型肥胖，皮疹好发于头面，颈项，或延及其他部位。皮损轻度浸润，肥厚，初起皮肤暗淡，继之出现红斑基础上密集的丘疹、丘疱疹、水疱，可有糜烂渗出，渗液干燥结痂，痂皮脱落或抓脱呈现糜烂面，伴有剧烈瘙痒。因脾失健运，湿从内生，浸淫成疮。故皮疹见大量水疱密集，搔抓后渗水，后期干燥脱屑，伴有面色无华、饮食不佳、大便溏稀或有腹胀等脾胃症状。方中党参、甘草培补中气，茯苓、泽泻、滑石利水渗湿，秦艽祛风止痒，黄芩、连翘清热解毒止痒。当红斑面积较大，渗液较多时，可加用龙胆草、生地、通草，加强清热凉血作用，因药苦寒，中病即减；若糜烂面大，渗出多者，加生地榆利湿收敛，纳呆者加焦三仙，厚朴以消食导滞。脾胃为后天之本，当每次治愈后，可用参苓白术散调成粉剂善后调理，巩固疗效。

鲁老临证，对东垣之脾胃论推崇备至，"胃虚则五脏六腑，十二经十五络，四肢皆不得营运之气，而百病生焉。"人体四肢百骸，筋骨脉络都依靠脾胃运化水谷精微的涵养，若气血生化乏源，药力也不能随气血通达四末，故在皮肤科治疗时鲁老十分遵循《外科正宗》提出的"盖疮全赖脾土，调理必要端详"，反复强调，宁可罔效，不得伤脾。在外用药治疗上，原则与湿疹相同，但应注意要适当降低药物浓度与用量，特应性皮炎，颜面部多发，儿童期外用药尽量避免选用激素类药膏，可用他克莫司、布特软膏、青鹏软膏等非激素或中草药软膏涂擦面部，同时又要配合抗感染治疗，因为特应性皮炎加重的原因：一是饮食不当，伤食胃滞；二是搔抓过度，皮肤感染，故应适当使用具有抗感染作用的外用药，另外皮损面积大时尽量选用中药如黄精、金银花、甘草等煎汤湿敷。

鲁老强调，特应性皮炎至关重要的是护理工作。从特应性皮炎的护理上看，特应性皮炎病因复杂与生活环境，外界刺激等因素有关，反复发作，缠绵不愈，因此要注重综合调理，具体包括：起居调理、饮食调理、精神调理。在日常生活中，保湿为第一位，儿童保持肌肤清爽，衣服以棉质为主，避免纤维化质地，不利于汗液的排出。另外宜避免接触可诱发特应性皮炎的各种变应原，如染料、花粉、洗洁精、油漆等，还需避免易致敏的鱼、虾、蟹等。饮食宜清淡，忌食肥甘厚味与辛辣之品。

鲁老主张"古为今用""洋为中用"，两者互相合参，相互弥补，取长补短，方能相得益彰。如中医四诊很难避免主观因素的影响，如对皮损的颜色、光泽、硬度、皮温、疱壁紧张度等情况的判断，很容易出现误差，而借助辅助仪器、实验室检查及其他的西医学检查检验方法，则能较客观地反映疾病情况，从而提高诊断的准确性，这有助于疾病的疗效及预后的评估。

鲁老在长期的临床实践中，非常重视学习、借鉴现代医学理论。鲁老认为，中西医是两门不同理论体系的科学，在诊治疾病上均有悠久的历史，积累有丰富的经验，各具特色，各有优势。中医强调整体观念、辨证施治，长于治本。西医则能迅速缓解症状，最擅治标。衷中参西是医学发展的必然规律。然衷中参西不能与中医西化混为一谈，衷中参西强调的是以中医为中心，西医为参考，或以中医为主，西医为辅，两者的结合应该是更高层次的结合，应该是在以整体观指导，辨证论治的基础上，利用西医现代化的诊疗手段更全面地认识疾病的发生发展及预后，同时确切地掌握各种中医治疗方法及西医治疗方法的特性，有针对性、目的性地配合使用，从中找到规律，总结出一套完整的、在科学上有理论根据又有疗效的疗法，达到治愈疾病的目的。鲁老认为，皮肤病的治疗应尽量发挥中医辨证论治优势，尤其大部分皮肤疾病西医病因病机尚不明确，缺乏针对性治疗方案。但在一些急性病，炎症明显或五脏六腑受累，危及生命，则应辅以西药治疗，甚至以后者为主。如系统性红斑狼疮的诊治，利用现代化的检测技术及诊断标准提高其诊断准确性，减少漏诊及误诊的发生。在急性暴发期或活动程度较严重，治疗时常采用糖皮质激素、免疫抑制剂及支持疗法等以控制炎症并减轻自身免疫反应；同时认为毒热、肾虚及血瘀为其主要病因病机，施以清热解毒、补肾活血，根据辨证，掌握主次，选用相应方药随症加减。

鲁老在临床中会用心对比中医及西医治疗的疗效，采取最严谨的方式对待疾病。

鲁老在外用药治疗带状疱疹方面，经过西药药膏及中药药膏各项对比后，博采众长，拟用生肌玉红膏涂抹疱疹部位，相比凡士林、甲紫等药膏有着更好的效果。可使用生肌玉红膏治疗，方由当归 600g，白芷 150g，紫草 560g，甘草 360g，血竭 120g，白蜡 60g，轻粉 60g，香油 5000g 组成，煎熬成稀薄糊状紫色软膏。

医案 2 患者，女，68 岁，退休。

患者因"右颈和肩背部疱疹密集，剧烈疼痛 1 周，部分糜烂渗液 3 天"就诊。患者伴低热纳差，失眠，舌质红，脉数。曾在卫生院治疗，症状未减轻反而加重。专科检查：患者右颈部、右肩及胸背部有创伤，面积约为10%，其中 2/3 布满黄色脓痂。去除痂皮、脓液，擦净创面，用同等面积生肌玉红膏药纸覆盖创面，外盖纱布，用绷带顺颈部、右肩、背部依次包扎固定，松紧适度。嘱患者卧床休息，进清淡饮食。次日，患者诉说局部刺痛减轻，入夜安睡。第3日换药，视其创面渗液已明显减少，刮除软膏干燥后，黏附创面部分，再次用新鲜软膏药纸覆盖包扎。待第3次换药时，见颈部、肩背部部分创面已结痂干燥，背部皮损严重者尚未愈合。有时仍有阵发性刺痛出现。经四、五次换药治疗后，创面全部结痂愈合，疼痛明显改善。用药10余天后，皮损处脱屑，新生上皮呈暗红色，边界清楚，住院16天后，痊愈出院。

按： 鲁老在临床使用生肌玉红膏后，认为该药膏对比其他西药药膏明显有见效快、止痛效果好、不易复发等特点。其治疗效果和发病长短成反比，即早期用药，疗效显著。无全身症状或症状轻微者，可单独外治。如伴有发热、寒战、便秘、口干、舌质红、苔黄腻、脉数者，亦可配合内服中药，取效更佳。

生肌玉红膏是根据我院中医外科传统方熬制的外用软膏，普遍用于脑疽、乳痈、下肢溃疡、肛瘘、痔疮等创面换药，具有祛腐肉、除脓栓、促使肉芽生长等作用。在皮肤科领域，经过临床实践后才逐渐发现该药在治疗带状疱疹方面也具有显著的疗效。方中当归活血止痛、排脓生肌，善治血疲之痛，亦有抗菌、抗病毒作用；甘草有似激素作用，缓急止痛，对神经疼痛有较好疗效；轻粉能提腐去脓；白蜡、香油能润滑肌肤，保护创面。诸药配伍，药效直接渗透于患处皮肤，能祛除创面坏死组织，促进修复，刺激局部皮肤的神经末梢，改善患处的神经营养和血液循环，使之气血畅达，疼痛减轻，炎症吸收，创面愈合。

五、湿邪致病，顺势利导

皮肤病的病因病机虽然复杂，但归纳起来不外乎内因、外因二类。外因主要是风、湿、热、毒、虫。江浙一带，多湿多雨，湿邪与皮肤病发病关系更为密切。鲁老一般从以下几方面去辨别湿邪所致疾病特点。

（1）湿为阴邪，较易损伤阳气，导致气机不顺，病人易出现腹泻，尿少水肿，脘腹胀满。

（2）湿性重浊，《素问·生气通天论》云："因于湿，首如裹"，意即湿邪为患后，人的身体就会感觉沉重，犹如头上裹了重物。湿性重浊则致清阳不升，感疲倦乏力。湿浊下注，则会出现湿疹、妇人白带过多，小便重浊等病症。

（3）湿性缠绵黏滞，舌苔一般多厚腻，湿邪胶着，病程一般较长，易反复发作，较难治愈。

（4）湿性下沉，易伤下焦阴位，《素问·太阴阳明论》中记载："湿邪为患，下先受之"。鲁老门诊时摸到濡缓脉象，舌苔白腻的患者便会询问病人是否伴有下肢沉重无力及晨僵。对于这种现象，鲁老常用晾衣服来比喻其特性，生动形象，让学生们一听便懂。我们看晾衣架上的湿衣服，干的比较快的都是上面，衣服上边的水湿掉下去，下边部分还潮湿沉重，这就如同湿邪易伤下焦一样。

鲁老经常对学生们说："它该去哪，就让它去哪，千万不要违逆它。我们治湿要顺从湿，就如同百川归海。我们需要顺从湿邪下注的特点，通过疏导把它们排出去。"鲁老认为顺应湿邪的性，任其所向，抓住其特点以治疗。

曾遇一位湿疹患者，伴有腰酸、下肢沉重等症状，舌苔白腻，尺脉沉濡。病人自述一到夏季，腰腿关节酸痛，走路感觉沉重，身上起湿疹，睡眠不佳。鲁老认为这是由湿邪所致。嘱患者，天气虽然炎热，但宜少吃冷饮、甜腻水果，这些食物滋生寒湿，损伤阳气。本病的治疗应该导湿从膀胱出，用药往下引导，淡渗之法来治疗。水最后都归于膀胱，而邪浊则走大肠，大小便各有所属，则身体健康。

本病治疗常用红藤、茯苓、火麻仁、苦参、艾叶等药物，加上利湿通淋的四妙散：牛膝、苍术、薏苡仁和黄柏，使二便均分，湿浊从膀胱、肠道排出体外。

患者用药后，肢体重浊症状减轻，皮肤上的湿疹也随着湿邪的清除而消退。

一般风邪致病，多伤于上焦；而湿邪为患则主要在下焦。伤于上者，多用汗法，而伤于下者，我们则通过利尿通肠之法导邪外泄。引用《素问·阴阳应象大论》中的说法即为"其在上者因而越之，在下者引而竭之，中满者则泻之以内。"湿浊积于下部，用清利湿热的药物顺势将其导出，而病人还有脘腹胀满，胃纳不佳等症，此为湿浊积垢于肠道，同时加用通肠泄浊的药物，使病人体内湿浊从下阴二窍排出，则各种症状也随之一并消散。

在荨麻疹论治上，鲁老喜用麻黄连翘赤豆汤加减。因现代科技发达，夏季时空调使用普遍，毛孔遇冷收缩，汗出不畅，足太阳膀胱经主表，膀胱气化不利，湿浊邪气不能排出体外，郁于肌表，皮下出现瘙痒，久而久之成顽固的皮肤疾病——荨麻疹。荨麻疹的病人脉象多为浮数，轻取即得，且皮肤痒属表，即为表证，湿热在表即应清热利湿发汗，用麻黄连翘赤豆汤每晚服一剂，喝完药后注意发汗，一般七天内就能痊愈。

六、论治疮疡，求本溯源

"治病求本"是中医自古以来就谨守的一个基本原则，充分体现了中医的治病特色。疮疡之证，不仅注重局部外症，更多的是要纵观整体。外症内治，同内科疾病，强调辨证施治，整体论治。鲁老在整理恩师余步卿老先生学术经验时曾这样写道：恩师余步卿曾说："治疗外症疮疡与治疗内科病证一样，都是贯串着整体观念和辨证论治的原则。治疗疮疡不能单靠外治，同时还当注重内治。"并说："外科的理论依据，也是按照四诊八纲的原则建立起来的。"外症疮疡的施治决非清热解毒这四个字可以概括的，应按照疮疡的初起、成脓、溃后三个不同发展阶段，确立消、托、补三法。三者并非决然割裂，而是密切关联的，临床运用不能僵化，应审时度势，融通三法。当辨证分型，有机结合，消、托、补各有专长，各有所适。

蝎槟导滞汤为鲁老恩师余步卿经验方，主要用于治疗早期流火，鲁老将其灵活加减，运用在中、晚期流火，以及多种下肢疾患如热痹、静脉炎、炎性肿块、手术后感染和伤筋瘀肿疼痛等。

蝎槟导滞汤，由全蝎或蝎尾（研吞）4只，槟榔、生甘草各4.5g，川牛膝、炙甲片、桃仁各9g，红花、独活各3g，赤芍、黄柏各6g，忍冬藤12g等十一味组成，全方有化湿清热、散结导滞之功，一般3、4剂即可见效。临床应用时，如有表证，如发冷或发热、脉浮数、舌苔白腻，可加薄荷、苏梗；热重烦躁、舌苔黄腻，去红花，加焦山栀、黄芩、丹皮；脘闷欲呕者，去桃仁、炙甲片、独活，加藿香、姜半夏、广郁金、炒枳壳；肿硬痛剧者，加乳香、桑寄生；皮色潮红、光亮肿大者，去炙甲片、红花，加晚蚕沙、地骷髅、绵茵陈；无全蝎时，可用地鳖虫、地龙或蜈蚣代替；槟榔用量可酌情增加。孕妇及妇女月经过多、血虚、肺结核吐血患者均忌服。在内服药治疗的同时，也可适当配合外治法，如腹股沟淋巴结坚硬肿大，可用温经通络的薄贴盖之，局部红肿较剧者，可加用如意金黄散外敷。

医案三则

1. 流火（下肢丹毒）

李某，男，39岁。主诉：右小腿肿痛伴发热畏寒2天。

专科检查：右小腿肿胀，皮肤鲜红光亮，行走困难。舌红，苔薄黄，脉弦数。

诊断：流火（下肢丹毒），证属湿火下注，气血瘀滞。

治法：清热利湿，泻火解毒，行气活血。

方药：蝎槟导滞汤加减。金银花、忍冬藤、紫地丁各30g，槟榔15g，川牛膝、赤芍、丹皮各12g，川黄柏、炙甲片各9g，生甘草6g，独活3g，全蝎（研吞）4.5g。外敷清凉膏（由当归、紫草、麻油调制而成）。上方进3剂后肿痛大减，宗原法又进5剂而愈。

2. 血栓性静脉炎

孙某，女，45岁。主诉：左小腿红肿热痛2周。

病史：患者在2周前行子宫肌瘤切除术后发生左侧小腿肿硬结块、潮红，呈针刺样疼痛，脚不能下垂，静脉曲张显著，局部肿胀，触痛明显，曾每天服中药及注射青霉素，疗效不显，遂来我院治疗。

专科检查：左小腿条索状突起、硬结，皮温增高，触痛明显。舌质淡，苔薄腻，脉弦数。

西医诊断：子宫肌瘤切除术后血栓性静脉炎。

中医诊断：赤脉，证属血瘀湿阻。

治法：逐湿清热、散结导滞。

方药：蝎槟导滞汤加减。紫地丁30g，赤芍、槟榔、半枝莲各15g，忍冬藤、川牛膝、当归尾、丹皮、地龙各12g，炙甲片、川黄柏各9g，生甘草6g。三剂后局部症状略有好转，原方又进3剂，至5月30日三诊，足已能下垂，疼痛已能忍耐，原方又入5剂，症状明显改善。出院后续以初诊方为主服药3月余，局部硬结消失，已能行走。

3. 人造血管术后栓塞

张某，男，43岁。主诉：右大腿肿胀伴剧痛3日。

患者3日前右大腿突然剧痛，局部肿胀，行走困难，症见面色少华，患肢紫暗，跌阳脉微，局部冰冷，心悸气短，舌暗苔薄白，脉细数。患者于1977年11月行右股动脉瘤切除作人造血管移植。

西医诊断：右股动脉人造血管术后栓塞。

中医诊断：证系气血两虚，脉络闭塞。

治法：通络散结，佐补气养血。

方药：蝎槟导滞汤加减：当归、银花、赤小豆各30g，忍冬藤、黄芩各15g，赤芍、川牛膝、槟榔、丹皮各12g，炙甲片9g，生甘草6g，全蝎（研吞）4.5g。服21剂后，下肢肿痛消退，症状好转，已能行走，仍按原法巩固。

第二节　治疗胆病，推陈出新

鲁老不仅精于皮肤病的治疗，同时在胆病方面有自己独到的见解。在听从余老教诲之余，鲁老同时跟从名老中医叶熙春、魏长春、裘笑梅、陈杏生、夏明诚、宣志泉等学习，吸取内外妇儿各家之所长，后来又跟西医外科医师学习急腹症的诊治，如阑尾炎、胆囊炎、肠梗阻、胰腺炎等，这些经历为胆病上的突破提供了坚实的理论基础。

一、中清之腑，泻而不藏

鲁老认为包括胆在内的六腑有实而不能满的特点。《素问·五脏别论》中说："所谓五脏者，藏精气而不泻也，故满而不能实。六腑者，传化物而不藏，故实而不能满也。"包括胆在内的六腑受纳和消化水谷，行津液，通水道，保持"传化之腑""实而不能满"的功能状态。鲁老认为"满"指的是精微及吸收的营养物质，而"实"是指包括水谷和消化物及消化吸收后的残渣、废料。泻和实是密切相关的，五脏是"藏而不泻"，因为五脏藏的是精微，是身体需要的物质，当然不能泻。而六腑之所以"泻而不藏"，则是因为水谷、糟粕都是实的东西，是不能藏的，应当传导出去。若水谷和糟粕藏而不泻，那么六腑就壅塞不通，就致人生病。对于胆腑来说，胆汁就应该传导出去，不能藏而不泻，《难经·四十九难》中说："胆在肝之短叶间盛精汁三合。"《灵枢·本输》称胆为"中精之腑"，后世据此又称胆为"中清之腑"。精汁即胆汁，并非营养物质，也并不能被吸收，而是一种辅助消化的物质。胆与肝互为表里，喜条达疏泄通畅，恶壅结滞塞。如饮食不节、情志不畅、寒温失调等均可导致胆病，这与现代医学所云胆病由胆汁潴留、括约肌痉挛、代谢障碍、细菌感染、内分泌紊乱等致病机理极其相似。

二、肝胆相照，治胆先治肝

鲁老认为，肝为"将军之官"，胆为"中正之官"，肝胆相表里，胆汁为肝之余气所化。《东宝医鉴》引《脉诀》语："肝之余气，溢入于胆，聚而成精，由是内藏精而不泄，外视物而得明，为清净之府。"《素问·灵兰秘典论》言："胆者，中正之官，决断出焉。"张景岳谓："胆附于肝，相为表里，肝气虽强，非胆不断，肝胆互济，勇敢乃成。"肝胆经络相互络属，肝脉下络于胆，胆脉上络于肝，构成脏腑表里关系，肝属里，胆为表。在生理情况下两者互相配合，病理情况下互相影响，症候兼见。在生理上，肝主疏泄，一方面分泌胆汁，贮存于胆；另一方面调畅胆腑气机，以促进排泄胆汁。胆主疏泄，使胆汁排泄畅通，又有利于肝主疏泄作用的发挥。同时两者具有共同协助消化的作用。肝精气充盛，则胆汁生化有源。肝气疏泄有度，则胆腑通降正常。肝胆和调，气机调畅，升降相宜，则胆汁分泌、排泄正常，脾胃运化功能健旺。在病理上，临证症候可同时并见或兼见，如肝胆火旺、肝胆湿热等。情志失调，致肝胆气郁，肝失疏泄，胆气郁结，或跌扑损伤，致瘀血内阻，影响肝胆疏泄条达之性，或感受湿热之邪，或嗜酒肥甘，化生湿热，湿热熏蒸，使胆气升降失司，胆汁疏泄失常，郁结日久，胆病由生。而《医学衷中参西录》中提到"肝气易升，胆火易降，然非脾气之上升，则肝气不升，非胃气之下降，则胆火不降"。故治疗胆病时应当"先安未受邪之地"，注意调肝的重要性。

三、胆腑之病，以通为用

鲁老在临床上根据胆腑以通降下行为顺，滞塞上逆为病的生理特点，遵循"以通为用"的原则，拟定疏、消、清、利四法。疏者是用通经理气之法疏导其滞；消者是用消导药物散其积聚；清者则以清化之品以降其逆；利者则以通利二便之法以开其塞。鲁老认为，理、法、方、药是中医临床的思维过程。明理是前提，立法乃是关键，法立则方药自出。治疗任何疾病，都必须有相应的治法。20世纪70年代后期，鲁老以消导疏通为理论创制的"芩连郁槟汤""红藤汤"，方中都有消积导滞的槟榔，临床上有很好的疗效，是鲁老巧用消导的例证。至今仍在临床上有效使用。鲁老所创疏、消、清、利四法在胆囊炎、胆结石及胆囊息肉等病的治疗中均取得了良好的疗效。

四、临证经验

1. 胆囊炎
胆囊炎系胆囊炎症性病变，多由结石、细菌感染、病毒感染、化学性刺激、寄生虫感染引起。近些年来，随着社会环境及生活方式的变化，本病发病率一直处于较高水平。本病有持续性右上腹疼痛或不适、嗳气、反酸、恶心、厌油腻，右上腹部有轻度压痛及叩击痛等体征。胆囊炎按发病急缓分为急性胆囊炎和慢性胆囊炎。

急性胆囊炎是由胆囊管梗阻、化学性刺激和细菌感染等引起的胆囊急性炎症性病变，是临床常见急腹症之一。约95%以上的患者伴有胆囊结石，称结石性胆囊炎；5%的患者不伴有结石，称非结石性胆囊炎。其中急性结石性胆囊炎以女性多见，50岁前为男性患病率的3倍，50岁后为1.5倍；急性非结石性胆囊炎多见于男性及老年患者。急性胆囊炎可分为单纯性胆囊炎、急性化脓性胆囊炎、坏疽性胆囊炎和胆囊穿孔四型。急性胆囊炎见右上腹疼痛，开始时仅有右腹胀痛，逐渐发展至阵发性绞痛；夜间发作常见，饱餐、进食油腻食物为常见诱发因素。疼痛可放射至右侧肩部、肩胛和背部，伴恶心、呕吐、厌食、便秘等消化道症状。如病情发展，疼痛可为持续性、阵发加剧。常伴轻度至中度发热，通常无寒战，可有畏寒。10%～20%的患者可出现轻度黄疸。查体可见右上腹压痛，可伴有反跳痛、腹肌紧张，或墨菲征阳性。有些患者可触及肿大胆囊并有触痛。墨菲征阳性对急性胆囊炎的特异性为79%～96%。超声检查是急性胆囊炎的首选影像学检查手段，典型表现为胆囊肿大（横径≥4cm）、壁增厚（≥3mm）或毛糙，呈"双边征"，多伴有胆囊结石；若胆囊腔内出现稀疏或密集的分布不均的细小或粗大回声斑点，呈云雾状，则考虑胆囊积脓；若胆囊壁局部膨出或缺损，以及胆囊周围出现局限性积液，则考虑胆囊坏疽穿孔。患者伴有黄疸，怀疑有Mirizzi综合征或合并胆囊消化道瘘等特殊情况时，则应采用MRI+MRCP，以充分评估病情。急诊入院患者无法明确腹痛病因时，可采用腹部CT检查，以提供更全面信息，或怀疑患者可能有胆囊穿孔和坏疽性胆囊炎，也应及时行腹部CT检查。肝胆系统核素扫描特异性高，可用于诊断。

慢性胆囊炎以右胁胀痛为主，也可兼有刺痛、灼热痛，久病者也可表现为隐痛，常伴有脘腹胀满、恶心、口苦、嗳气、善太息等胆胃气逆之症，病情重者可伴往来寒热、呕吐、右胁剧烈胀痛、痛引肩背等症。本病好发于20～50岁。女性较男性多见，具有反复发作的特点。本病一般起病缓慢，多反复发作，时作时止，日久迁延难愈，可致胆囊萎缩。

中医虽无急性胆囊炎和慢性胆囊炎的病名，但早在《黄帝内经》中便有相关论述。《素问·缪刺论》曰："邪客于足少阳之络，令人胁痛不得息。"《灵枢·五邪》曰："邪在肝，则两胁中痛。"《灵枢·本脏》谓："胆胀者，胁下满而痛引小腹。"由临床表现和相关记载可将胆囊炎归属中医"胁痛""胆胀""黄疸"的范畴。

鲁老认为，胆囊炎的发病原因是肝胆郁热，气血滞行，外受湿邪侵袭。而构成这些发病原因的因素是多方面的，且相互影响。七情郁结、气滞血瘀，会影响胆囊及胆道的运动功能，使之失去防御功能，此时不仅肠内细菌可经胆总管上行感染胆囊，胰液也可经胆总管逆流，使胆管发生炎症；饮食不节，伤及脾胃，脾失健运，胆汁瘀滞，刺激胆囊黏膜，尤其在内湿郁结的情况下，胆囊内压增高，囊腔扩大，黏膜抵抗力下降，致使细菌上行或经血行感染胆囊；此外，寄生虫、结石阻塞也可引起胆囊炎。鲁老根据胆囊炎的表现和病机，将胆囊炎分为湿热型、气滞型、火毒型。

湿热型的主要临床表现为右上腹疼痛，发热，恶心，呕吐，纳减，便秘，尿赤，脉弦数，舌红，苔黄腻。鲁老认为，疼痛乃经气壅滞不通，胆囊内压增高所致。发热乃邪气与正气相搏湿重不化的表现。恶心、呕吐、纳减乃木旺克土所致。治疗以清热利湿、化瘀导滞为主。鲁老常采用茵陈汤加减或小柴胡汤加减。常用药物为茵陈、焦山栀、制大黄、赤芍、槟榔、黄芩、郁金、枳壳、金钱草、厚朴、川连、川楝子、六一散等。

气滞型的主要临床表现为腹痛隐隐、胸胁苦满、恶心倦怠、食欲不振、消化不良，饮食不当常可使症状加重或引起急性发作。一般舌苔如常，脉稍弦。若见血虚则舌淡无华、脉细带弦；挟痰湿者苔腻、脉濡滑；化火伤阴者舌少津、脉弦细数。治疗以疏肝理气、清胆和胃为主，采用逍遥散加减或玄金散加减。有结石者可采用排石汤、消石散。常用药物有柴胡、白芍、延胡索、广木香、郁金、楂曲、黄芩、金钱草、鸡内金、白术、青陈皮等。

火毒型的主要临床表现为高热、寒战、腹痛、肌紧张、恶心、呕吐、倦怠、纳差，亦可有黄疸出现。脉洪数，细数，舌绛，苔黄燥。治疗以清火解毒、祛湿化瘀为主。方以大柴胡汤合黄连解毒汤加减，惯用药物如柴胡、枳实、大黄、黄芩、姜半夏、赤芍、丹皮、蒲公英、银花、焦山栀、延胡索、金钱草、茵陈、川连等。

曾有一位女患者，上腹部隐痛反复发作一年余，兼有恶心，纳呆，脉弦，舌红，苔薄黄。经超声波探查提示为胆囊炎，曾服疏肝利胆药效不满意。鲁老辨证为肝胆气滞证，用疏、消、清、利四法齐下，使用了茵陈、连翘、山楂肉、神曲、青皮、陈皮、降香、谷芽、麦芽、延胡索、大黄、姜半夏、通草、白芷等药物。服药半个月后患者痛除，纳馨，脘舒，后鲁老改用保和丸，并嘱患者注意饮食起居精神方面的调摄。随访半年，患者未见复发。前用疏利效果不明显，后用消法，可见消利是治疗胆病时的重要一环。

2. 胆囊息肉

胆囊息肉又被称为胆囊隆起性病变，是指胆囊壁局限性隆起占位或向腔内发生息肉样突起的疾病。该病是临床上常见的一种胆囊疾病，大多数为良性。该病的发病率为 3% ~ 12%，仅次于胆囊结石的发病率。临床常见症状为右胁肋胀痛、口苦、恶心、干呕、厌食油腻，也有部分患者无明显症状。胆囊息肉有肿瘤性与非肿瘤性之分，非肿瘤性包括胆固醇息肉、炎性息肉、腺肌瘤、黏膜增生、异位组织胆囊移位等，肿瘤性包括腺瘤、血管瘤、脂肪瘤、腺癌等，其中腺瘤样息肉被视为癌前病变，需尽早治疗。胆囊息肉的相关危险因素主要包括年龄、性别、乙肝病毒感染、胆囊结石及胆囊炎、吸烟、酗酒、饮食及作息时间不规律、高脂饮食、肥胖和糖尿病等。

现代医学多认为胆囊息肉与胆汁中脂质代谢异常有关。理化因素长期刺激胆囊，可引起胆囊慢性炎症，慢性炎症损伤和修复的过程中形成毛细血管、成纤维细胞和慢性炎症细胞，使胆囊黏膜增生、面积加大和平滑肌增生，从而导致胆囊壁肥厚，加上胆囊壁的神经纤维异常增生及胆囊胚芽囊化不全，进而形成胆囊息肉样变。本病的发生可能是在慢性炎症基础上，胆囊神经源性功能障碍，导致胆囊动力异常，尤其是胆囊颈部括约肌痉挛性收缩，使胆汁排出受限，囊内压力异常升高，黏膜陷入肌层形成憩室和诱导肌层增生肥厚。综合现代医学的病理观察结果推断胆囊息肉的形成与胆固醇代谢紊乱、胆固醇沉积、炎症刺激、纤维结缔组织增生造成增生物突出胆囊腔内，形成息肉的结论是一致的。

中医古籍中尚无胆囊息肉这一病名，但中医对于胆囊息肉的认识早已有迹可循，《黄帝内经》中有诸多相关论述。息肉在古代被称作"瘜肉"，为瘀血化生。《灵枢·水胀》记载："夫肠覃者，寒气客于肠外，与卫气相搏，气不得荣，因有所系，癖而内着，恶气乃起，瘜肉乃生"，指出息肉系外邪侵袭，气机郁阻，瘀血留着而生。《灵枢·胀论》云："胆胀者，胁下痛胀，苦中苦，善太息。"同时《灵枢·经脉》述："胆足少阳之脉，胆足少阳之脉，是动则病口苦，善太息，心胁痛，不能转侧。"《症因脉治》中指出其病因病机："肝胆主木，最喜条达，不得疏通，胆胀乃成。"《仁斋直指方论》载："气行则血行，气止则血止，气滑则血滑，气寒则血凝。气有一息之不运，则血有一息之不行"，指出气滞与血瘀的相关性。王清任在《医林改错》中提出："气无形不能结块，结块者必有形之血也。血受寒则凝结成块，受热则煎熬成块。"指出积聚为气滞、寒凝、血热等诸多因素造成的。根据胆囊息肉的临床症状和发病特点，可将其归属中医"胁痛""胆胀""结胸""积聚""胃脘痛"的范畴，古代医家多从外感寒邪、肝气不舒、气滞血瘀等方面论治。

胆囊息肉患者的主要临床表现为上腹隐痛或胀痛，或闷胀感，多见消化不良、纳食不香、项背拘急，检查见右上腹压痛，墨菲征阳性，无肿块可及。脉象以弦数为主，舌红苔薄腻多见。血常规见白细胞总数及中性粒细胞数增高。影像学检查中，B超中息肉多数在1cm以下，以绿豆大小多见，半数伴有炎症，多数在胆囊内，少数在胆囊颈部。

鲁老认为，可以用"肝胆相照"理论说明肝胆之间的联系，从肝胆之间的经络联系和六气病中厥阴病和少阳病这一对枢纽关系中解释肝胆互相依存的关系，肝病可以延及胆腑，胆病可以影响肝脏。胆囊息肉的中医病机是湿热壅滞、瘀浊内停，通常是由于饮食不节、起居失常，内生湿热，继则郁结肝胆，疏泄失司，气血瘀滞，久而发为有形之物；情志不舒，肝胆失于疏泄，气机壅塞，致使血脉凝滞，瘀浊渐成。津凝血败，皆化为痰。痰湿瘀结，日久生热，胶结难解。鲁老认为胆为"中清之腑"，以通降下行为顺，若胆失通降，中清之腑浊而不清，胆汁排泄失畅。治疗应遵循胆腑宜疏不宜滞、宜清不宜浊的特点，故创芩连郁槟汤以导滞塞、化瘀结、清湿热。该方的治疗原则为利湿导滞，清胆化瘀。药物组成：炒黄芩12g，炒黄连4.5g，广郁金12g，槟榔12g，生山楂12g，延胡索12g，金钱草30g，赤芍15g，焦山栀9g，柴胡9g，炒川楝子9g，生甘草6g。

医案 患者，女性，邵某，37岁。

主诉：上腹胀痛伴有肩背不适、纳减半月余。

专科检查：巩膜无黄染，右上腹压痛，墨菲征阳性，未及明显肿块。脉弦数，舌红苔根薄黄腻。

辅助检查：血常规示白细胞总数为$9.2×10^9$/L，中性粒细胞为0.8；胆囊B超示胆囊区探及1cm×1.1cm大小息肉伴炎症。

方药：炒黄芩12g，炒川楝4.5g，花槟榔12g，金钱草30g，广郁金12g，生楂肉12g，延胡索12g，炒川楝子9g，赤芍15g，焦山栀9g，柴胡9g，生甘草6g。

患者服用 3 剂后腹胀痛已减，继以原方加减：炒黄芩 9g，槟榔 12g，郁金 12g，柴胡 9g，赤芍 12g，焦楂曲 12g，延胡索 12g，炒川楝 3g，生甘草 6g。7 剂。

服药后症状体征消失，血常规恢复正常，后经 B 超复查提示胆囊息肉大小为 0.6cm×0.5cm，随访 1 年，胆囊息肉无明显改变，无自觉症状。

按：柴胡、黄芩为少阳经典药对，内透外泄。柴胡既能清少阳胆热，又能疏达少阳气机，肝火炽盛者，此能散之，胆腑气机不畅者，此能疏之。黄芩清热利湿，清肝胆之热，可使肝胆之热从内而泻。与柴胡配伍，一清一泄一疏，使胆腑湿热得疏，此为"疏"法。槟榔、川楝子疏肝行气、消积止痛，赤芍、延胡索活血行气以消积，川楝子合延胡索为金铃子散，功在疏肝理气、清热利湿、活血化瘀止痛，加强柴胡疏利肝气之效，引药归经，此为"消"法。焦山栀、广郁金、金钱草清胆热、除湿热，此为"清"法。其中郁金味辛、苦、寒，入心肝肺经，既能行气解郁止痛，又能清热利胆退黄，并有活血之效。槟榔兼行气利水之"利"法之用。山楂散瘀结，合甘草固护中土。本病病变本质为肝胆失疏，故以疏肝为核心治法，将其贯穿治疗始终。病程中气滞、血瘀、痰湿、湿热夹杂，尤以气滞为先，以疏肝治胆，理气解郁治其本，肝气得以疏利，胆汁得以排泄，以绝其发病之源；以健脾和胃，补中益气治其标。《金匮要略·脏腑经络先后病脉证》有云："见肝之病，知肝传脾，当先实脾。"本病虽为肝胆病，但因与脾胃同居中焦，肝胆之邪气易于横逆，克伐中焦脾胃，脾胃失和，土壅木郁，亦可引起诸多临床症状。故在治疗本病时，尤需注意顾护脾胃之气，佐以部分健脾和胃，补中益气之品，促进脾胃之气运行，既病防变。

3. 胆结石

胆结石又称胆石症，是指胆道系统包括胆囊或胆管内发生结石的疾病。临床表现为反复发作的右上腹或剑突下疼痛，可向右肩背放射，和（或）伴有恶心呕吐、腹胀、食欲不振、嗳气、反酸等消化不良症状；超声、CT 等影像学检查发现胆囊结石和（或）肝内外胆管结石。按发病部位分为胆囊结石和胆管结石。在胆囊内者往往无症状或仅有上腹饱胀，消化不良，常与慢性单纯性胆囊炎难以鉴别。若胆石在胆道内移动或发生嵌顿时，则出现胆疼痛等发作性症状。胆道结石常因激烈的体位变动，或饱餐后由于食糜刺激胆汁大量分泌，使胆石移动，或由胆囊进入并嵌顿于胆囊管，或在胆总管、肝管嵌顿，均可出现右上腹或剑突下阵发性痉挛样疼痛，每向背部、右肩放射。

疼痛剧烈时，常难以忍受，历时数小时或数日，反复发作。若胆石退入胆囊或由胆道排出，胆痛可突然停止或转为钝痛。胆管嵌顿在胆总管、肝管或法特氏壶腹时阻碍胆汁排入肠道，致使胆汁反流入血液，血液中胆红素增高，从而引起巩膜、皮肤黄染等一系列阻塞性黄疸的症状。若胆石在胆囊或胆囊管则无黄疸出现。重症胆结石除胆疼痛及黄疸外，常可伴有寒战、发热、恶心、呕吐、食欲不振、全身疲乏等一系列急性发作症状。结石在胆囊内形成后，可刺激胆囊黏膜，不仅可引起胆囊的慢性炎症，而且当结石嵌顿在胆囊颈部或胆囊管后，还可以引起继发感染，导致胆囊的急性炎症。长期反复发作，阻塞胆道还可导致肝硬化等肝损害，结石对胆囊或胆管的局部压迫使循环发生障碍而出血坏死，导致继发性细菌感染，甚至穿孔。由于结石对胆囊黏膜的慢性刺激，还可能导致胆囊癌的发生，有报道此种胆囊癌的发生率可达 1% ~ 2%。现代医学研究表明胆石症的成因、发病机制非常复杂，与年龄、性别、职业、家庭、民族等因素有关。

根据结石的特点可分为胆固醇结石、胆色素结石、碳酸钙结石和混合性结石。胆固醇结石的特点是往往单发，体积较大，呈长卵圆形或圆形，色淡黄，表面不平，切面呈放射状排列并有晶体光泽，有的呈棒状，一端圆钝，一端平面。X 线不显影，主要发生在胆囊。胆色素结石数目多，体积小，呈棕黑色，无一定形状，质硬软不定，有时呈泥沙样，X 线下可能显影，可发生在肝管、肝内胆管、胆总管或胆囊。碳酸钙结石少见，呈灰白色，多个，表面光滑，多边形，它的形成与胆汁碱性增高有关，X 线显影。混合型结石由胆固醇、胆色素钙、碳酸钙三种成分以不同比例混合而成，常为多个，多面型，表面光滑，剖面多数棕黑、浅黄、灰白的同心环层状。胆色素钙呈棕黑色，胆固醇淡黄有光泽，碳酸钙灰白。X 线显影程度取决于含钙成分多少。

从中医理论角度，胆结石（包括胆囊结石、胆总管结石及肝胆管结石）属"胁痛""黄疸"范畴。《黄帝内经》《金匮要略》及后世众多医者均对其有所阐述。鲁老认为，胆附于肝，有经脉相互络属，肝胆互为表里。胆汁由肝之精气所化生，胆汁的化生和排泄由肝的疏泄功能控制和调节。胆为六腑之一，以通为顺。肝失疏泄，胆汁生化失常、排泄不畅，瘀滞日久，聚而成石。肝和胆疏泄功能失常是胆结石的基本病机。胆结石的病因，常有七情内伤、饮食不节、外感湿热等。过食肥甘厚味、肆意饮酒，从而伤及脾胃，蕴生湿热于肝胆。外感湿热或情志不畅，肝失条达，饮食肥腻，湿邪内生，劳倦过度，久病耗伤，致气滞、血瘀、湿热蕴结于肝胆。肝气疏泄不利，则胆汁瘀滞不通，或久熏胆腑，胆汁煎熬，发为结石。结石阻滞，肝胆疏泄不畅，气滞不调，不通则痛是其发病的主要因素。肝主疏泄，疏可使气运行通而不滞；泄可使气散而不郁，调畅全身气机运行；肝失疏泄，气机运行不畅则可致多种疾病。气是构成和维持人体生命活动的最基本物质。"百病生于气"，疾病多因脏腑经脉气机失调。因此在治疗胆结石时，应当注重复肝疏泄之用，柔肝条达之体。

根据病机和患者临床表现，鲁老将胆结石病归为气滞型和湿热型。

（1）气滞型：胆结石在胆囊内未形成阻塞或发作间歇期，仅有上腹不适和消化不良；或仅在单纯发作而无细菌感染时，无明显寒热、黄疸，上腹仅有隐隐作痛、恶心、呕吐，舌苔薄白或薄黄腻、脉弦。临床常以肝郁气滞为主，痛势每随情绪变化，甚则出现满腹胀痛、便闭、恶心呕吐等急腹症状。其结石直径较小，为形状圆滑的胆囊、胆总管结石。鲁老在治疗时常以疏肝理气为主，用逍遥散、金铃子散加减，兼通腑排石。常用药物有柴胡、郁金、木香、延胡索、赤芍、川楝子、川连、黄芩、茯苓、神曲、山楂、青陈皮、通草等。在发作间歇期加用金钱草治疗，其作用是清热利湿、利胆，药性平和，可长期服用，对胆管泥沙样结石，疗效尤佳。

胆囊炎、胆石症等以肝胆气郁为主，久郁化火，治疗的关键是疏肝利胆、养肝柔肝。以逍遥金铃之辈为主，加鸡内金、川楝子、郁金、海金沙、金钱草、连翘等行气解郁、清利湿热之品。胆为六腑之一，气以降为顺，因此还可随证加大黄、枳实、厚朴等行气通腑泄浊。此外，根据肝体喜柔之性，酸味入肝，即《金匮要略·脏腑经络先后病》提到的"夫肝之病，补用酸"，还可适当加入柔肝敛肝之白芍、乌梅、五味子、木瓜等，则肝体得柔，气机得舒，胆腑精汁排泌正常，诸症可愈。

（2）湿热型：胆石嵌顿胆管和有继发感染者，此时出现寒热往来、黄疸、胆痛、口苦、不思饮食、胸闷腹满、恶心呕吐等症，舌苔黄腻，脉弦数。患者常见湿热郁结，痰湿阻络之象。临床常见有肝区隐痛、胸脘痞闷、肢体困倦、恶心欲吐之表现。鲁老在治疗时常以清热利湿为主，宜用茵陈汤加减，兼以药物祛痰逐瘀。常用药物有茵陈、柴胡、枳壳、蒲公英、黄连、黄芩、焦山栀、大黄、碧玉散、金钱草等。若便秘、舌苔黄燥，可加玄明粉、枳实，疼痛发作时可用排石汤。

鲁老认为，胆结石在临床上常非单独出现，常合并胆囊炎、胃脘痛、胃胀纳呆等其他消化系统疾病。在临床施治时，应以中医辨证为主，结合超声

浙江中医临床名家·鲁贤昌

检查，明确结石部位、形状、大小，综合病人全面因素，分析病情，灵活应用疏、消、清、利四法。根据临床经验，准确辨证，合理用药，必获良效。治疗时可以针灸配合中药，临床可见显著疗效，可取期门、中脘、肝俞、胆俞、阳陵泉穴，用泻法，留针半小时。

肝主疏泄，胆主贮藏排泄胆汁，胆汁的排泄依赖肝之气机的疏泄；肝胆功能相因，为气机升降之枢，对机体之气机、水液、血运及情志方面起着重要的调控作用。"凡脏腑十二经之气化，皆必籍肝胆之气以鼓舞之，始能调畅而不病。"此之谓也。

肝主疏泄，为调畅气机的重要脏腑，人体气血津液的运行代谢、脾胃的运化、生殖功能的发挥、情志的调节都与气机密切关系。若肝失疏泄、气机运行不畅则可致多种疾病的发生，故后人又称肝为"万病之贼"，临证时必须重视调肝的思想和方法。

鲁老认为，各种胆病，如上述胆囊炎、胆囊息肉、胆石症等皆多因饮食不节、大量饮酒、情志刺激或劳累引起。因此，应融会疏、消、清、利四法。肝主疏泄，胆以通降，气滞胆郁是各种胆病的常见证候。因而以消法疏肝理气，则气血通畅，借其疏达周转之力，起促进胆囊收缩和胆汁代谢之功。留者去之，结者散之，故以消法祛胆囊息肉及胆石症之有形之邪。湿热蕴结是胆病初期的常见证候，在急慢性胆囊炎中，胆结石中较为常见。故以清利之法祛病体之湿热，凉血逐瘀。兼用通腑泄热之大黄、虎杖等，顺胆腑在六腑以通为用的特性，体现"肠泄胆亦泄"之治法，亦得清利胆腑之效。胆病病位虽在肝胆，亦与脾胃关系密切。脾胃为后天之本，且肝胆不愈，将传至脾，故应先安未受邪之地。胆病久治不愈或久用苦寒攻下之品极易致虚，故应重视固护脾胃的重要性。

第三节　诊治男科，独树一帜

中医男科学是一门从中医角度出发研究男性生理病理，防病治病的专门学科。它的研究对象是男性，研究重点是男性特有疾病的诊断与治疗，研究指导思想是中医基础理论。鲁老认为由于男性生殖系统位处偏僻，有牢固的血生精小管屏障，西药不易渗透和达到有效浓度，故临床较难奏效或难以根治，而祖国医学以整体观念、辨证论治的理论和实践，中药内服外用的经验和效果，显示了中医男科在治疗上的特色和优势。

一、男科病证，当分虚实

鲁老认为中医男科病的辨证应以全身和局部相结合，诊断应以宏观和微观相结合，治疗应以辨证和辨病相结合，病发于肝、膀胱、心者，以实证居多；病发于肾、脾、肺者，以虚证居多。故可将男科病的内治法确立为：实则治肝，治膀胱，治心为主；虚则治肾、治脾、治肺为主。

二、慢性前列腺炎诊治

慢性前列腺炎是我国成年男性的常见病、多发病，临床上有发病缓慢、症状多样、病程迁延、反复发作，经久难愈的特点。在中医有"精浊""劳淋""膏淋"等病名。鲁老指出，慢性前列腺炎是成年男性的常见病、多发病，临床以发病缓慢、症状多样、病程迁延、反复发作、经久难愈等为其特点，并可导致性功能减退及不孕不育，从而出现家庭关系的不和谐。

前列腺位于膀胱的下方，外有脂溶性包膜，其渗透性较差，故虽前列腺内血管丰富，但西药抗生素很难进入该病所而达到有效的血药浓度，因此不易根治。鲁老在前列腺炎的中医诊治方面颇有经验，通过辨证论治，可将其概括为湿热型、血瘀型、气滞型、肾虚型，根据不同证型进行辨证论治。

1. 湿热型

慢性前列腺炎大多属于中医"淋证"范畴。鲁老指出：从病因上讲，慢性前列腺炎初起时均由湿热入侵留滞前列腺所致。引起湿热留滞的原因，既可由多食辛辣肥甘所酿，也可由嗜酒太过所酿，还可由下阴不洁以致秽浊之邪入侵所酿。其中，年轻患者发病则多由不洁性交致秽浊入侵所酿。此外，由于前列腺与膀胱同居下焦，互为紧邻，故若前列腺遭受湿热之患，膀胱往往同时受累，因此，慢性前列腺炎中湿热型的病机，系为湿热蕴结下焦导致膀胱气化不利所致，临床见会阴部隐痛、睾丸坠胀、尿频、尿急、尿痛、排尿不畅、滴沥不尽等症。同时，鲁老还指出，湿为阴邪，其性黏腻，胶着难解；热为阳邪，与湿合侵为患，借湿黏腻之性也胶着难去，故使感受湿热之邪的慢性前列腺炎患者病情反复发作，病程缠绵难愈。可以这样说，所有的慢性前列腺炎患者均有一定程度的湿热留滞，只有当以湿热为主要表现时，方属湿热型，实际上该型相当于西医的慢性前列腺炎亚急性发作。

针对湿热型患者的上述特点，在临床治疗与用药上，鲁老强调，对于以湿热留滞为主要特点的慢性前列腺炎病人，治疗上务必以"除湿浊，清热毒"为治则，方可用八正散加减。在药物的选择上，鲁老指出，除了八正散中的木通、车前子、山栀、滑石、瞿麦等清热利湿通淋药物外，还常用茯苓、米仁、通草、金钱草、海金沙、海金沙藤、石韦、草薢、茵陈蒿、地肤子、赤小豆、萹蓄、灯心草、冬葵子等；湿热重者可加黄柏、山栀、苍术等；热毒甚者可加石膏、知母、芦根等。

2. 血瘀型

鲁老指出，血具有营养和滋润全身的功能，是机体精神活动的主要物质基础。故《难经·二十二难》说："血主濡之。"《灵枢·平人绝谷》则说："血脉和利，精神乃居"。血在血管中循行不息，为全身的所有组织器官提供需要的营养。然而，人体在很多情况下都会使体内的血液出现运行瘀滞受阻（即血瘀），成为人体致病的内在因素。血瘀是疾病过程中形成的病理产物，血瘀可致机体脉络痹阻，不通则痛。《说文解字》曰："瘀，积血也。"实际上，现在一般所谓的血瘀，不仅包括了血液瘀积凝固的瘀血状态，同时还包括了各种原因引起的血液流动迟缓的前瘀血状态。从现代医学的角度来看，瘀血状态，是一种血液中的血小板聚集性、黏附率增高及其他原因引起的血液黏度升高的状态。鲁老认为，慢性前列腺炎患者久病必瘀，其原因一方面为久病肝气郁结，疏泄不利，血的运行因之受阻；另一方面为湿热之邪入于营血，血与此邪互结，血为之瘀结。临床该病血瘀型患者的常见表现有会阴部局部刺痛，前列腺指诊示前列腺质地较硬或有结节，舌质暗或有瘀斑，苔薄白，脉涩等。

针对血瘀型慢性前列腺炎患者的致病特点，在临床治疗与用药上，鲁老强调，治疗上除务必重视"活血瘀，畅流通"外，还应当加上一些疏肝理气、清热利湿的药物，方可用桃红四物汤加减。鲁老指出，除桃红四物汤中的桃仁、红花、川芎、生地、赤芍、当归等活血化瘀药物外，常见的还有丹参、灯盏花、王不留行、蒲黄、五灵脂、延胡索、三棱、莪术、乳香、没药、郁金、虎杖、益母草、穿山甲、地鳖虫等。鲁老认为，活血化瘀不仅可以改善血液流变指标，使血小板聚集性、黏附率下降，还可以增加前列腺脂溶性包膜的渗透性，因此该类药物对慢性前列腺炎的治疗是极其重要的，一般不论慢性前列腺炎辨证属何种类型，均宜加入至少1种活血化瘀药物，其中，王不留行具有脂溶性高、渗透性强的特点，对慢性前列腺炎作用尤佳。

3. 气滞型

鲁老指出，从经络循行路线可知，足厥阴肝经沿着股部内侧上行，进入阴毛之中，环绕阴器而行，再上达小腹，可见前列腺所在部位正好是足厥阴肝经所经之所，故一旦前列腺发病，不论是由于湿热、酒色，抑或肾虚，均必然导致肝经受郁；同时，由于慢性前列腺炎患者往往备受病痛折磨，加之久病易致家人埋怨、责备，往往忧郁悲观、情绪低落，故临床慢性前列腺炎患者气滞型多见，也有辨证为其他证型的，但也多伴有气机郁滞，因此慢性前列腺炎或多或少具有肝气郁结的表现。肝气抑郁，可见心情不舒、闷闷不乐、多愁善感，《质疑录·论肝无补法》云："肝为风木之脏，喜条达而恶抑郁"。临床该病气滞型患者的常见表现有会阴、小腹及睾丸部局部胀痛，前列腺指诊示前列腺质地偏硬，舌质淡或腻，苔薄白，脉弦等。

针对气滞型慢性前列腺炎患者的致病特点，在临床治疗与用药上，鲁老强调，治疗上除了务必重视"调气机，消郁滞"外，还应当加上一些活血化瘀、清热利湿的药物，方可用逍遥散加减。鲁老指出，除了逍遥散中的柴胡、白芍等疏肝柔肝药物，常见的还有白蒺藜、香附、延胡索、川楝子、青木香、青皮、佛手、香附、荔枝核、娑罗子、八月札、玫瑰花、绿萼梅、橘络等。鲁老还强调，对该型患者除药物治疗外，还务必重视劝导病人加强心理调养，一方面要让患者树立战胜疾病的信心，另一方面医生还应让患者的爱人多给丈夫心灵的温暖与抚爱，减轻病人的思想负担，从而加快康复速度。

4. 肾虚型

慢性前列腺炎患者久病必虚，其原因一方面为湿热之邪留恋耗伤正气；另一方面为久病本身耗伤气阴。临床该病肾虚型患者除腰痛、会阴部坠胀等常见表现外，若肾中精气不足，多表现为性欲减退、阳痿早泄、腰膝酸软、舌淡、苔薄白、脉弱等；若肾阴亏虚、虚火上炎，则多表现为早泄、遗精、阳事易兴、头晕耳鸣、五心烦热、舌红、苔薄、脉细等。鲁老指出，肾为后天之本，肾虚可导致全身功能减弱，肾虚型患者必虚实夹杂，临床以肾的气阴之虚为主，兼有湿热、瘀血、败精结于精室之实。一般来讲，临床所见的慢性前列腺炎患者，约80%具有不同程度的性功能障碍，而以肾虚为主要表现者为20%～30%。

针对肾虚型慢性前列腺炎患者的致病特点，在临床治疗与用药上，鲁老强调，治疗上除了务必重视"养精气，补肾阴"，还应当加上一些理气活血、清热利湿的药物，对肾中精气不足者，方可用五子衍宗丸加味，除此之外还

浙江中医临床名家·鲁贤昌

可选用杜仲、续断、狗脊、补骨脂、益智仁、巴戟天、肉苁蓉、蛇床子、淫羊藿等；对肾阴亏虚者，方可用左归丸加减，除此之外还可选用桑椹、墨旱莲、女贞子、鳖甲等。

鲁老经过长期临床观察和研究，总结慢性前列腺炎治则治法，得出了清肾一号及清肾二号经验效方。

鲁老认为一般前列腺炎初起病时，大多因湿热入侵、留滞前列腺所致。引起湿热留滞的原因，既可由恣食辛辣肥甘所致，也可由嗜酒太过所酿，还可由下阴不洁、秽浊入侵所为。此外，前列腺与膀胱同居下焦，互为紧邻，若前列腺感受湿热之患，膀胱往往同时受累。因此，慢性前列腺炎初期的病机，多为湿热蕴结下焦、膀胱气化不利所致。其症见会阴隐痛、睾丸胀坠、尿频、尿急、尿痛、排尿不畅、舌苔黄腻、脉濡数等，治疗以清热除湿为基本法则。以自己创制的经验方清肾一号为主方。方由知母、黄柏、丹皮、丹参、泽泻、泽兰等药物组成。热胜者加金银花、石膏；湿胜者加苍术、黄柏、土茯苓等。

而前列腺炎到了后期，因反复发作，病程缠绵，久病成瘀。鲁师指出：慢性前列腺患者一方面久病必虚，正气虚损，鼓血无力；另一方面久病肝郁结，疏泄不利，血的运行同样受阻。再则，湿热之邪久留不去，入于营血，血与热结，为瘀滞。患者可见会阴刺痛、舌质紫暗或有瘀斑、脉涩等。治疗当以活血化瘀为基本原则。主方为清肾二号经验方。方由蜈蚣、地龙、苦参、蛇床子、怀牛膝等药物组成。

医案 患者，男性，盛某，36岁，工人。因"尿道及会阴部疼痛不适1年，加重1周"于1995年12月9日来诊。

曾在外院查前列腺液镜检白细胞为30个/HP，卵磷脂小体（+），诊断为慢性前列腺炎。平素经常自主到药店购药，时断时续口服环丙沙星片，用药时尿道及会阴部疼痛均可有所好转。1周前，因单位连续加班致身体过度疲劳后，出现尿道及会阴部疼痛加重，且伴有早泄、阳痿及性欲低下。来诊时患者情志抑郁，纳食欠佳，舌淡暗，苔薄黄腻，脉弦。

中医辨证为肝气郁滞，兼有肾阳亏虚。

治拟疏肝补肾为主。方以逍遥散加菟丝子、沙苑子、王不留行、神曲各15g，米仁30g，车前子、焦山栀各12g。每日1剂，水煎温服，早晚饭后服，4周为1个疗程。

1个疗程后，尿道及会阴部疼痛、纳食及性功能均明显改善，复查前列腺液镜检，示白细胞为 8 个 /HP，卵磷脂小体（−）。鲁老再以前方去沙苑子、王不留行、神曲、焦山栀，用法同上，巩固治疗 2 个疗程后，复查前列腺液镜检，示白细胞为 5 个 /HP，卵磷脂小体（−），半年后随访未见该病复发。

按： 鲁老认为本例患者病因肝郁，影响肾与脾胃。患者情志抑郁、气机不畅，故用柴胡疏肝解郁，当归、白芍养血柔肝，其中白芍因芳香可以行气、味甘可以缓急，实为治肝郁之要药；患者纳食欠佳，故用白术、茯苓、神曲健脾祛湿消食；患者有苔薄黄腻等一定程度的湿热留滞之表现，故用焦山栀、米仁、车前子清热利湿；患者有早泄、阳痿及性欲低下等肾虚表现，故用菟丝子、沙苑子补肾益阳；由于慢性前列腺炎久病必瘀，故用王不留行活血化瘀；炙甘草益气补中缓肝之急，虽为佐使之品，却有襄赞之功。全方配伍精妙，使肝郁得疏、脾胃得健、湿热得除、肾虚得补，故临床获得良效。

鲁老治学严谨，在培养中医人才方面，注意理念创新，强调理论与实践紧密结合，注重思维能力训练、动手能力训练，提出当代中医优秀人才首先要有科学的思维方法和灵活的动手能力。他教导学生，要抓住机遇，珍惜时间，刻苦钻研，努力学习，把理论知识学扎实，在临床中学习、实践、再学习、再实践，以不断提高自己的专业水平，不要把能治疗普通病作为治疗目标，要善于钻研难病，开拓思维，从经典中吸取营养，在临床实践中总结经验，才能不断地进步。在鲁老的带领下，省中医院自 1996 年 9 月～ 1998 年 9 月，对采用蒲灵栓剂直肠给药法治疗慢性前列腺炎进行疗效观察。

此临床研究共纳入患者 47 例，年龄为 25 ～ 64 岁，平均为 38.5 岁。其中已婚 39 例，未婚 8 例；病程最长为 15 年，最短为 6 个月；初诊 6 例，复诊 41 例（经抗生素和中药治疗）。

纳入病例的临床表现为尿频、尿急、尿痛及尿道分泌物，并伴有会阴部不适，下腹胀痛，腰骶部酸痛。前列腺液常规化验，示卵磷脂小体（＋～＋＋＋），WBC（±～＋＋＋）。前列腺液细菌培养阳性 13 例，其中金黄色葡萄球菌 5 例，大肠杆菌 8 例。

治疗药物蒲灵栓剂主要以蒲公英 30g，灵猫香 0.3g，王不留行 6g，知母 9g，黄柏 9g，蜈蚣 3 条，泽泻 3g，泽兰 9g 等中药组成，经煎熬、浓缩、加热、熔化，在栓模中冷却定型而成。

使用方法是将栓剂经肛门推入直肠约 4.0cm，每次 1 枚，2 次 / 日，10 日为 1 疗程。观察 2 ～ 3 个疗程，以判断疗效。

结果发现被纳入的 47 例中，显效 14 例，症状消失，前列腺液 WBC ＜

浙江中医临床名家·鲁贤昌

10/HP，前列腺液培养无细菌生长。有效 19 例，症状减轻，前列腺液 WBC 减少。有效共 33 例，有效率为 70.2%。14 例无效，其中 9 例经 3 个疗程后，症状无明显缓解，化验指标无变化。5 例转为直肠刺激征，故放弃继续治疗。

通过本次临床疗效观察，我们发现慢性前列腺炎是男性泌尿生殖系统中较为难治的感染性疾病，病原学繁杂。据美国国立健康统计中心的研究显示，每千例有泌尿生殖系统症状者中，慢性前列腺炎占 25%。虽然疾病对健康的影响不大，但其顽固的症状，常影响患者的正常生活。临床上慢性前列腺炎治疗效果不甚理想，其原因主要是前列腺包膜较为致密或周围组织纤维化，血-前列腺屏障作用使水溶性、酸性、低离解常数及与蛋白结合多的抗生素不易进入前列腺上皮脂膜，使药物在前列腺组织内难以达到有效的杀菌浓度。使用蒲灵栓剂直肠给药治疗慢性前列腺炎，利用中医药的长处，克服上述的不足，基本上达到比较理想的治疗效果。

慢性前列腺炎的发病与湿热、气滞、血瘀及肾虚相关，蒲灵栓剂中蒲公英性苦甘寒，有清热解毒利湿之功效，用于尿道滴血、涩痛及湿热；王不留行性苦平，善于通利血脉，行而不往，走而不守，有活血通经、苦泄宣通之功，用于治疗膀胱刺激症状；灵猫香有辛温走窜、芳香透络、活血消肿、行气止痛之功能，对腰膝酸痛、下腹及会阴不适有疗效。该处方以清热利湿、化瘀通络为治疗原则。但是传统的中药口服剂型，受胃肠道各种酶的破坏，使药物效价降低，又对消化道有不同程度的刺激，而直接影响脾胃功能。故寻找最佳的施药部位，利于药的吸收，以此发挥主药效用，则是提高疗效的关键所在。蒲灵栓剂直肠给药治疗慢性前列腺炎有着明显优点：①药物通过组织渗透，使有效浓度在前列腺部位含量升高，安全可靠，方便易行。②药物成分不被胃肠道破坏，吸收快而充分。③清热通淋，活血散结，精道通畅，理气止痛。直肠给药的缺点是有轻度的直肠刺激症状，原因可能是药物性温甘寒，对直肠黏膜有一定的刺激性。因此可将药物置入直肠更深一些，可减轻或消除不适症状。

鲁老常教育学生："你们不要看我在中医方面小有成就，就认为我比你们聪明，悟性要比你们强，其实我始终认为自己只是笨鸟先飞而已，贵在坚持罢了。"目前鲁老仍坚持出门诊，在繁忙的临床工作中，鲁老也不忘总结归纳，在诊治男性疾病的同时，注重临床科研观察，最终摸索出了一套中医中药治疗慢性前列腺炎的治疗方法。博采众长，融会贯通，最终自成一家。

三、男性不育诊治

男性不育症病因病机复杂。古代医家通过临床观察发现，采用男性患者的临床症状和体征作为诊断依据进行诊断，如明代万全《广嗣纪要·择配》云："人有五不男：天、犍、漏、怯、变也"；清代陈士铎《辨证录》曾记载："凡男子不能生育有六病，六病何谓？一精寒，二气衰，三痰多，四相火盛，五精稀少，六气郁"。说明其既有先天因素，又有后天因素；既有外伤，又有饮食情志劳伤；既有脏腑虚损之本，又有水饮痰湿、气滞血瘀之标。与不育关系密切的脏腑为肾、心、脾、肝，其中肾尤为重要。男性不育症的病机以脏腑虚损为本，湿热瘀滞为标。

鲁老总结前人思想，认为肾精在男性生育中有重要作用，肾精的盛衰决定男子的生育能力，肾精亏虚是男性不育的主要原因，而瘀血、肾虚、湿热是不育症病变的核心，它们单独为患或相互作用导致了疾病的发生、发展及演变，对疾病起决定性作用。用药以补肾填精、活血化瘀，兼清湿热为指导思想。

补肾益精之说源自《黄帝内经》，在《素问·上古天真论》中就首次提出肾气、天癸、精气等重要理论，记述了肾虚导致无子的观点。这也为之后男性不育与肾、心、肝、脾等脏相关，其中与肾关系最为密切的思想奠定了理论基础。传统中医理论认为，"肾为人体先天之本，肾藏精，主生殖，开窍于耳及二阴"，肾中所藏精气促进人体生长发育，同时维持人体生殖功能，是人体生殖的根本所在；肾阴的滋养和肾阳的温煦在精子的生殖过程中起着决定性作用；同时由于肾开窍于二阴，故而外生殖器的相关功能都是在肾所藏命门之火的温煦和推动作用下完成的。人体生殖功能是在天癸的作用下完成的，而天癸源于先天，为先天之精，肾气旺盛则先天之精在肾阴的滋养和肾阳的温煦下生成天癸，天癸调节精液的生成及排泄。从现代医学理论分析，所谓天癸，即是由人体内分泌系统分泌的、促进生殖系统功能的一种物质；从肾主天癸的生成可见，本质上肾的盛衰决定了人体内分泌的功能，可见肾虚是男性不育症的主要病理机制。

整体而言，男性不育症病程均偏长，而中医理论认为"久病成瘀"。现代社会环境污染、滥用药物、电磁辐射等问题可能影响人类的繁育，如若先天禀赋不足，则肾气虚弱，命门火衰，病久伤阴，致精血耗散，脉中循行精血大量耗损，日久脉络瘀阻形成血瘀，或精血耗散导致元阴不足，阴虚火旺，相火偏亢，炼液为痰，最终气血瘀阻而为病。同时，繁重的工作压力、沉重的经济负担、复杂的心理问题严重影响男性的心理健康，日久则致情志抑郁，肝气郁结，气郁化火，肝火亢盛，灼伤肾水，肝木失养，宗筋拘急，久而成瘀，致精窍之道被阻，最终导致男性不育。另外，随着生活水平的不断提高，素嗜肥甘厚腻、辛辣之品则易损伤脾胃，痰湿内生，郁久化热，阻遏气血运行，形成血瘀，最终导致阳痿、死精等形成不育。若思虑过度、劳倦伤心，将致心气不足，心血亏耗，气血两虚，血虚不能正常循行经脉，形成血瘀，从而引起不育。

同时鲁老还认为，对于男性不育的治疗，还需辨证与辨病相结合。对于男性不育症应当灵活运用现代检测方法准确辨病，发现可能的病因及各种生理病理改变，然后依照中医理论进行辨证，病证结合，提出针对性治疗方案，以避免治疗过程中的盲目性。

临床上男性不育症病因病理复杂，积极寻找病因，从根本入手，才能提高疗效。男性不育的诊断不仅需要采用辨病、辨因及辨证相结合，同时在诊断方法上需借助于现代医学的实验室及辅助检查。如计算机精液自动分析、精核蛋白转换、生殖免疫、生殖道感染、生殖内分泌的检测等，使诊断更趋规范化，以达事半功倍之疗效。

四、阳痿诊治

阳痿，通常是指性交时阴茎不能勃起，或因勃起不坚及勃起不能维持，不能至射精即痿软，以致不能完成性交全过程的一种病症，古代又将其称为"阴痿"。中医学对于阳痿的认识和治疗，源远流长。现存最早的中医文献《马王堆医书》，已对阳痿有了初步的认识。竹简《十问》认为，生殖器官往往"与身俱生而先身死"，其形成的原因为"其使甚多，而无宽礼"。竹简《天下至道谈》指出，性功能早衰的病因是"卒而暴用，不待其壮，不忍其热，是故亟伤"，这是对性功能增龄性变化的最早认识。帛书《养生方》和竹简《天下至道谈》都认为勃起"不大""不坚""不热"的病机为肌、筋、气三者不至，"三至乃入"，这是对阳痿病机的最早论述。《黄帝内经》首先论述了前阴与经脉、络脉、经筋的关系，并认识到阳痿的发病与肝关系密切，为后世医家从肝论治阳痿提供了理论依据。肾气理论对补肾法治疗阳痿理论的形成有很大的影响。

补肾壮阳贯穿阳痿论治沿革始终，《素问·上古天真论》指出，男子"二八，肾气盛，天癸至，精气溢泻，阴阳和，故能有子"。说明肾气盛才能天癸至，具有精气充盛的物质基础，才能够男女和合。《诸病源候论》首先阐述阳痿病机为肾阴阳两虚，指出："肾开窍于阴，若劳伤于肾，肾虚不能荣于阴器，故痿弱也。诊其脉，瞥瞥如羹上肥者，阳气微；连连如蜘蛛丝者，阴气衰。阴阳衰微，风邪入于肾经，故阴不起。"故巢氏是最早主张阳痿从肾论治的医家。至唐代，用补肾壮阳法治疗阳痿，成为阳痿的主要治法。孙思邈特别重视男子的阳气，认为阳气在男子性功能活动中，起着至关重要的作用，指出："男子者，众阳所归，常居于燥，阳气游动，强力施泄，则成虚损损伤之病。"其治阳痿，多从温肾壮阳入手，并注重顾护阴精，在其所列的约30首治疗阳痿方中，如五补丸、肾气丸、天雄丸等，均以补肾壮阳药为主。明代是补肾壮阳治疗阳痿发展的鼎盛时期。张介宾集前人之大成，依"少火生气""壮火食气"之经旨，发展为火气少壮、虚实之命门理论；据"阳气者，若天与日，失其所则折寿而不彰"和"肾者主水，受五脏六腑之精而藏之"，力主"阳非有余，真阴不足"论。奉王冰"壮水之主，以制阳光；益火之源，以消阴翳"之教诲，在"六味""八味"启发下，创"阴中求阳""阳中求阴"之左归、右归，以峻补肾阴、肾阳而治疗阳痿，并提出"凡男子阳痿不起，多由命门火衰、精气清冷……但火衰者，十居七八，而火盛者，仅有之耳"的著名论断。

鲁老认为补肾法治疗阳痿，已被古今大量的医疗实践证明是行之有效的治疗方法，其在阳痿治疗历史上的主流作用不容忽视。但是，它又有局限性。随着历史的发展，阳痿的病因病机发生变化。在现代社会，由于生活水平的提高，身体素质的增强，虚证逐渐减少。为了追求更高层次的生活质量，民众具有强烈的竞争意识，时常有所愿不遂、事与愿违者，故情志致病增多。由于环境污染，以及部分人好食膏粱厚味及嗜好烟酒等，往往变生湿热瘀毒。故治疗阳痿可从舒缓情志及化湿祛瘀入手，结合补肾之法，结合当代人体质及社会环境的差异，方可奏效。

第四节　中西结合，大医精诚

鲁老认为，中、西医之间的区别是显而易见的，是两种完全不同的理论体系指导下的临床实践医学，中西医学之间可相互学习、渗透、影响、转化。

在中西医结合治疗的大思路上鲁老认为，所谓"衷中""为主"，就是必须以中医药的理论为主指导临床实践，必须以中医的思维方式，即以四诊与辨证论治为主分析病因病机与诊断治疗疾病，必须以中草药、针灸、推拿、按摩及部分外伤手术等方法为主要治疗手段，必须以中医的治未病思想与养生之道为主预防疾病。西药不是绝对不可用，而是要少用、精用、非用不可时才用。所谓"参西"，如部分病名可以参西，现代的仪器设备、各种检测手段可以参西，中医既要坚持特色，以中为主，又要与时俱进，衷中参西，才不愧对中医之名，才是发展中的中医之实。中医的底线，就是以中为主，衷中参西。

一、中西结合，病证结合

中西医结合，需要辨病与辨证相结合。辨证是中医治疗疾病的关键，是分析辨别疾病的证候，是决定治疗的前提和依据，同时也是中西医结合治疗皮肤病的重要一环。因为辨证明确才能给中医治疗疾病提供依据，对于"证"的认识，一般可以说相当于西医的"综合征"，但两者有相同之处，也有不同之处：相同之处是"证"是把望、闻、问、切得来的症状进行归纳分析，把不同的症状分成不同的证，每个证都包含有不同的脉、舌、症，就有类似综合征以症状决定病名的意思。但是一般讲，"证"代表机体在病理情况下，在某个阶段的一种反应，可以作为治疗时纠正这种病理阶段反应的根据。一种疾病的发展过程，可以有几个不同的"证"，而西医的综合征，常代表一组症状的疾病的病名而已。如白塞综合征可表现为阴虚毒热症，脾肾阳虚证或肝肾阴虚证等，所以两者有很大的区别，"证"的脉、舌、症等说明当时机体病理反应的阶段，如风热证病人有头痛、身热重、口干渴，皮肤表现可以是风团和红斑、皮炎等不同症状，脉浮数或浮滑，舌苔薄、黄白、舌尖红等，这可以是急性荨麻疹、接触性皮炎，或多形红斑等许多皮肤病的某一发病阶段。此阶段可以用祛风清热药物治疗，有的得到痊愈，有的好转，但也有的无效。痊愈的说明辨证正确，不但机体在该病理阶段的反应得以纠正，且西医病因也得到治疗。好转的病人，其病可能已得到或尚未得到治疗，还需要该方药治疗或进一步辨证与治疗。无效的说明辨证不正确，或用药不当，或对病因未予以治疗，还需要再辨证并予以治疗。同时，中医的辨证是辨别机体脏腑、气血运行、经络通畅等功能状况，根据这些功能状况给予适当的治疗，从而改善机体的脏腑功能,完善防御机制,使气血运行通畅,达到治疗的目的,也就是治病必求其本,使机体的生理功能得到改善,从而达到治病的目的,这是中医辨证非常重要的内容。

上述中医辨证的证主要说明机体在某一个疾病时,当时的病理反应的某个阶段,同时也十分重视产生疾病的机制,身体病理改变包括中医的病因,但并不全部包括西医的病因,如微生物、病理代谢或内分泌紊乱等原因,所以这可以说是某疾病的一个病因,是机体产生各种病理改变的一个阶段,不完全代表该疾病病因的治疗,所以治疗效果有所不同,也就是说,这主要是某种病因造成的生理病理改变的结果,而对具体病因的治疗是不够的,这一点是十分重要的,只有这样的认识才能使辨证与辨病相结合。同时还可大大提高中西医结合的效果,如硬红斑是一种皮肤结核病,是由结核杆菌引起的皮肤病,医者采用抗结核的异烟肼等药物,同时配合益气养血的药物,可收到较好的效果,又如较重的药物性皮炎,采用凉血清气的药物有较好的疗效,但如果不停止服用致敏药物,那么病情不一定减轻,即使有暂时减轻,也不能得到根治。总之,辨病与辨证有机结合起来,就可能收到较满意的疗效,当然,辨病的内容不仅仅限于病因,关于该病的组织病理改变与发病机制也是辨病的主要内容,如病理改变上有血瘀现象时,又可用活血化瘀的药物提高疗效,又如化脓性皮肤病的药物有直接的抗菌能力,这样两者相结合的治疗可以增加疗效。随着用实验方法逐步阐明疾病重要的发生机制,将给辨证与辨病更有机的结合带来广阔的前景。

我们在临床上进行中西医结合治疗各种疾病的研究时,不但要注意辨证分型的问题,还应当结合病因、病理改变及发病机制来选用中药和西药,以达到更好的疗效。

二、衷中参西,取长补短

(1)初期结合:就是指一个患者在同一时段内既用中药,又用西药。疗效可能是中药和西药的协同,作用上缺少有说服力的对比资料。

(2)有机结合:可以吸取中西医在防治手段上的长处,补己短处,充分发挥药物的效能,减少不良反应,如活动期系统性红斑狼疮患者可以先使用类固醇激素冲击量来控制病情,待各种症状控制后,根据病情逐步递减激素用量。这时患者可能有五心烦热、困乏无力、低热、胃纳欠佳等症状,同时配合中药滋阴清热，进而投以滋补肝肾的方药，有助于进一步消除症状，减少激素用量，使中西医结合取得更好的疗效。又如灰黄霉素是治疗头癣较为理想的药物，但在全国实行普查时，发现使用灰黄霉素的用量很可观，如何减少灰黄霉素的用量，发挥其最大的药效，就成为防治头癣的研究课题，研究发现中药茵陈中含有许多利胆成分，其中对羟基苯乙酮是利胆作用较为主要的成分，实验证明，胆汁酸能使不溶于水的药物在消化液中的分解度增加6倍，且也能增加灰黄霉素的溶解度，所以服用灰黄霉素的同时，加服茵陈或其提取物可以提高灰黄霉素的药效，大大减少药量，在学术上和经济上均有意义。

（3）西药中用，中药西用：应用中药结合西药抗疟药治疗盘状红斑狼疮，而中药青蒿具有抗疟功效，我们就借鉴此，应用中医抗疟药青蒿来治疗盘状红斑狼疮，临床初步证明效果是满意的。此外，应用抗癌中药治疗银屑病，应用抗病毒中药板蓝根治疗病毒性皮肤病等亦属于此类。通过改革，改变给药途径，以提高疗效，如牛膝注射液治疗银屑病，苦参注射液治疗皮肤瘙痒症，丹参注射液治疗硬皮病，同时应用西药，如维生素 B_{12} 和维生素 B_1 进行穴位封闭以治疗带状疱疹等，也是中西医结合的一种形式。

三、类风湿关节炎中西医结合诊治经验

中医和西医在治疗类风湿关节炎上均有悠久的历史，积累有丰富的经验，各有特色和优势。中医中药可以使风寒湿邪得祛、经络得通、骨节得利，从而达到控制病情、缩短病程、缓解症状的目的，并能提高类风湿关节炎的治愈率和有效率，西医解热镇痛药物可以使关节肿胀、疼痛、僵硬、功能障碍等症状迅速缓解，从而减轻患者的痛苦，提高患者的生活质量。因此，在类风湿关节炎的治疗中，鲁老十分重视中西医结合及西为中用。鲁老认为，在类风湿关节炎的治疗中，中医长于治本，西医长于中靶，相互结合就能相得益彰。对于各期病人的治疗，鲁老认为所谓治标，即暂时改善关节肿胀、疼痛、僵硬、功能障碍等症状。西药非甾体类抗炎药如吲哚美辛、芬必得等止痛效果良好，最擅治标，但其性属寒凉，易伤脾胃之气，故均宜饭后服用，用量不宜过大，同时用药时间不宜过久，症状改善后即应停药，并常在中药汤剂中加党参、炒薏苡仁、芍药、扁豆等顾护脾胃之品，所谓治本，即祛除风寒湿邪，补益正气，调节机体免疫功能。

四、皮肌炎和多发性肌炎中西医结合诊治经验

皮肌炎、多发性肌炎，中医学尚无相同病名，鲁老认为其与"痿证"颇为相似。痿证是指肢体的筋脉弛缓，枯痿不用，手足痿软无力，不能随意活动。因此两者在临床上是有一致性的。在临床上使用常规西药治疗时，还将祖国医学的理论应用于临床。

《素问·痿论》中对痿证作了相当详细的论述，认为痿证的主要成因是五脏的病变。《诸病源候论》中有"虚劳风痿，痹不随候"之论述，与本病有相似之处。

鲁老认为，本病的病因病机应依据《素问·痿论》中有"五脏使人痿"之说，其中肝脾肾三脏与本病的关系尤为密切。《素问·长刺节论》中曾有"病在肌肤，肌肤尽痛，名曰肌痹，伤于寒湿"之说，痿证大概有三种原因：①肺热熏灼，主要是感受外界风热之邪。皮肌炎病人并发症状多由上感引起，发展而成本病。其次是湿邪犯肺。肺受热灼则阴津受伤，高源化绝，筋脉失润，导致手足废痿不用。②肝肾阴亏，由于体虚久病而正虚，或房劳过度。伤及肝肾亦为形成痿证的原因。③湿热侵袭，或感受外来之湿邪或由于饮食不节。

本病的辨证可分邪实与正虚两型，邪实又可分为热邪与湿邪两种，另类为正虚，即为肝肾亏耗。肝肾二脏，一为罢极之本，一为作强之官，都影响机体的运动。其治疗有"治痿独取阳明"之说。所谓阳明即指脾胃而言。其方药用甘麦大枣汤作基本方，取浮小麦养胃，大枣健脾，甘草和中缓急，以收补脾健胃，养阴生津之效。使筋脉得以濡养，在皮肌炎热邪实时用清热疏肝解郁的小柴胡汤、逍遥散来治疗，慢性皮肌炎则用补气血健脾胃益肝肾的十全大补丸或再造丸或健步虎潜丸，以祛风湿，补肝肾来治疗。可获一定疗效。常用的甘麦柴胡汤的方药为：浮小麦30g，大枣10枚，甘草9g，柴胡9g，薄荷9g，黄芩9g，党参9g，半夏9g，陈皮9g，生地9g，花粉9g，麦冬9g。

鲁老将皮肌炎的中医辨证论治归纳为以下几型。

1. 急性活动期

（1）热毒型：肌肤瘀热，皮红肌痛，发热，脉数舌绛苔黄，治以清热解毒、凉血养阴，清营解毒汤或清瘟败毒饮加减。

浙江中医临床名家·鲁贤昌

（2）湿热型：不规则发热，倦怠乏力，纳呆，皮损红肿疼痛、苔黄腻、脉濡数，治以清热解毒利湿消肿，茵陈蒿汤合萆薢渗湿汤加减。

2. 亚急性活动期

（1）肺燥型：发病开始多有发热，皮疹，肢体软弱乏力，咳呛咽干，心烦口渴，尿短赤便干结，苔薄黄脉细数，治以清热润燥、养肺生津，清燥救肺汤加减。

（2）脾虚湿热型：肌肤微肿、酸痛，肢体痿软乏力、发热，胸脘痞满，饮食减少，大便溏薄、面色萎黄、小便黄少、苔薄黄腻、脉滑数，治以健脾益胃、清热利湿，参苓白术散或二妙散加减。

3. 慢性期

（1）气阴两虚型：肌肤红斑，酸痛、四肢痿软乏力、舌红苔少，脉细数，治以益气养阴，益气养阴方加减。

（2）气虚血亏型：皮肤肌肉萎缩，消瘦，乏力，心悸、自汗、舌淡苔薄、脉细弱，治以养血益气，十全大补汤加减。

（3）肝肾阴虚型：肢体痿软乏力，肌肉萎缩，吞咽困难、舌红嫩苔少，脉细，治以补肝益肾，滋阴清热，仿虎潜丸加减。

（4）脾肾阳虚型：皮损暗红，肌肉酸痛或萎缩，雷诺征、苔薄质淡，脉沉细濡缓，治以温补脾肾，黄芪、党参、淫羊藿、菟丝子、鹿角片等加减。

五、硬皮病中西医结合诊治经验

硬皮病，本病相当于中医学的"皮痹"。《素问·痹论》中指出："以秋遇此者为皮痹"，并指出了皮痹多属于寒，"在于内则不仁，在于皮则寒。"中医认为本病主要属于寒证、瘀证，而血虚、血热也与其有关。

早期病人往往有皮肤肿胀、发硬及怕冷、雷诺征、发热（一般为低热）、关节疼痛等症状，是寒热错综、阳虚血虚，血瘀与风湿相兼之证，但随病机发展。热邪渐渐退居次要地位，而寒邪渐渐更为突出，主要是脾虚引起的卫阳不足、营卫不和，进而发生肾阳虚亏，从而导致气血寒凝而发生血瘀，使经络受阻，肌肤不得营养而皮肤发硬、萎缩与色素改变，使指、腕关节活动困难，全身受累的皮肤发紧，肌肉活动困难，甚至内脏受累等症状。外邪风、寒、湿、热均可能致本病，以内因，脾肾阳虚和血虚为其重要病因，血瘀所致的皮肤发硬、发紫及色素沉着和皮肤萎缩等也是本病发病的重要原因。本病女性好发，特别是发育期与更年期较多见，此时情绪易激动，情绪改变也可发生雷诺征，所以情志也是发病因素。

补益脾肾的药是本病治疗的主药。另外活血化瘀药的应用也不能忽视，其他清热祛风湿药也可应用。本病分为毒热型、血瘀型、肝郁气滞型、脾肾阳虚型。

（1）毒热型清热解毒，清营汤加减。

（2）血瘀型活血化瘀、清热解毒，温补气血，硬皮病汤。

（3）肝郁气滞型疏肝清热、活血化瘀，疏肝活血汤。

（4）脾肾阳虚型温补脾肾、活血利湿，苓桂术甘汤。

病情基本控制后可用十全大补汤及补气养血的右归饮加减，此外可用昆明山海棠药片及雷公藤多苷、丹参注射液等。

六、胆囊炎的组织病理分型与中医辨证论治关系的探讨

胆囊炎是一种常见病、多发病，近年来，国内发病率有明显上升的趋势，对该病的防治和研究工作就显得更加迫切，尤其是应用中西医结合的方法已成为治疗胆囊炎的主要手段之一。鲁老对胆囊炎标本进行组织病理分型，并结合临床，就其与中医辨证论治的关系加以探讨。

按照病理变化情况，将胆囊炎分成急性胆囊炎、慢性胆囊炎和慢性胆囊炎急性发作三大类。急性胆囊炎又分卡他性、化脓性、坏疽性三型；慢性胆囊炎分单纯性、胆固醇沉着症和伴有胆结石三种；慢性胆囊炎急性发作是指在慢性胆囊炎三种类型基础上，出现急性期改变，其中也有单纯性、化脓性、坏疽性改变。

（一）急性胆囊炎

起病原因常和胆囊阻塞有关，大都起因于结石、寄生虫、胆囊受压等，导致胆囊内胆汁潴留、浓缩，引起化学性刺激，致使囊壁发生炎症，又可由于胰液经胆总管反流进入胆囊引起化学性刺激，部分也可以由细菌感染引起，但细菌感染往往是继发性的。

（1）急性卡他性胆囊炎：胆囊肿大，囊壁水肿增厚，黏膜皱襞完好。镜下黏膜上皮完好，固有膜、肌层、浆膜都有水肿，并有血管扩张充血及少量炎症细胞浸润。

（2）急性化脓性胆囊炎（蜂窝织炎性胆囊炎）：常因继发细菌感染所致，胆囊肿大，有絮状渗出物，囊壁增厚，胆汁浑浊，黏膜可见灰黄色渗出物附着或成假膜，部分黏膜坏死脱落，有小溃疡，同时往往伴有胆结石。镜下黏膜上皮脱落，血管扩张充血，黏膜、固有膜、肌层、浆膜均可见大量中性粒细胞弥漫性浸润。

（3）急性坏疽性胆囊炎：整个胆囊往往呈深暗红而发黑，壁薄而脆，黏膜皱襞消失，呈坏死状。镜下黏膜上皮消失，见大量白细胞碎屑及出血，肌层模糊不清，常伴有胆囊周围炎。坏疽主要是伴有重度循环障碍之故。

（二）慢性胆囊炎

慢性胆囊炎来自未能完全消退的急性炎症，更多见的是化学刺激直接引起，胆囊结石仍为主要因素，有的由于血液中胆固醇成分高，析出后沉着于胆囊壁而引起炎症。慢性胆囊炎时，胆囊可因纤维增生和收缩使体积明显缩小，也可因结石、寄生虫等阻塞，胆汁潴留而使胆囊扩大。

（1）慢性单纯性胆囊炎：镜下见黏膜上皮萎缩、消失或有增生而突起，常见黏膜上皮伸展到肌层，而使肌层分离而形成罗一阿窦。黏膜及固有膜可见到少量淋巴细胞、浆细胞。

（2）胆囊胆固醇沉着症：由于血液中胆固醇浓度高，在胆囊壁内析出，并为组织细胞所吞噬，这些组织细胞呈泡沫状，充满于黏膜层内，向胆囊腔面突起，肉眼观如草莓状，故又称草莓胆囊。

（3）伴有结石的慢性胆囊炎：由于结石引起阻塞，胆汁潴留、浓缩、刺激造成囊壁炎症；也可由结石局部压迫，引起循环障碍，囊壁出血坏死，继发细菌感染，发生胆囊炎。

（三）慢性胆囊炎急性发作

在原有胆囊炎症或结石或草莓胆囊的基础上，出现右上腹疼痛、发热等发作性症状。镜下病理变化有黏膜萎缩或增生，罗一阿窦形成，淋巴细胞、浆细胞浸润，同时也有充血水肿，中性粒细胞浸润，重则脓性渗出物、出血、坏死等急性炎症改变。

祖国医学认为肝胆郁热、气血滞行、外受湿邪侵袭为本病发病原因，构成这些发病原因的因素是多方面的，且相互影响。七情郁结、气滞血瘀，影响胆囊及胆道的运动功能，使之失去防御作用，此时不但肠内细菌可经胆总管上行感染胆囊，胰液也可经胆总管逆流，而使胆囊发生炎症；饮食不节，致伤脾胃，脾失健运，胆汁郁滞，刺激胆囊黏膜，尤其在内湿郁结的情况下，胆囊内压增高，囊腔扩大，黏膜抵抗力下降，致使细菌上行或经血行感染胆囊；此外，寄生虫、结石等阻塞也可引起胆囊发炎。

鲁老认为，胆囊炎的不同中医证型与胆囊组织病理存在一定相关性。

1. 湿热型

湿热型的主要临床表现为右上腹疼痛，发热，恶心，呕吐，纳减，便秘，尿赤，脉弦数，舌红，苔黄腻。此型相当于急性卡他性胆囊炎和慢性胆囊炎急性发作。主要病理变化为胆囊肿大，充血水肿，黏膜和固有膜可见炎症细胞浸润。中医认为疼痛乃经气塞滞不通，胆囊内压增高所致。发热乃邪气与正气相搏，湿重不化的表现。恶心、呕吐、纳减乃木旺克土所致。治疗以清热、利湿、化瘀、导滞为主。采用茵陈汤加减或小柴胡汤加减。常用药物为茵陈、焦山栀、制大黄、赤芍、槟榔、黄芩、枳壳、郁金、金钱草、厚朴、川连、川楝子、六一散等。

2. 气滞型

气滞型的临床表现为腹痛隐隐，胸胁苦满，恶心倦怠，食欲不振，消化不良，饮食不当常可使症状加重或引起急性发作。一般舌苔如常，脉稍弦。若兼血虚则舌淡无华，脉细带弦；挟痰湿者苔腻，脉濡滑；化火伤阴者舌少津，脉弦细数。此型相当于慢性胆囊炎。主要病理变化为黏膜萎缩或增生，罗—阿窦腔形成，黏膜、固有膜少量炎症细胞浸润。有的可见大量吞噬胆固醇结晶的泡沫细胞，囊壁粗糙如草莓状，有的伴有胆囊结石。治疗以疏肝、理气、清胆、和胃为主，采用逍遥散加减或玄金散加减。有结石者可采用排石汤、消石散。常用药物有柴胡、白芍、延胡索、广木香、郁金、楂曲、黄芩、金钱草、鸡内金、白术、青陈皮等。

3. 火毒型

火毒型系胆囊炎的重症表现，相当于化脓性或坏疽性胆囊炎，临床上常有寒战、高热、腹痛、肌紧张、恶心呕吐、倦怠、纳差，亦可有黄疸出现。脉洪数或细数，舌绛，苔黄燥（糙）。病理变化为胆囊黏膜大片脱落坏死，广泛充血、出血，大量中性粒细胞浸润，有的固有膜及肌层均可出现大量白细胞碎屑及肌层坏死。治疗以清火解毒、祛湿化脓为主。方以大柴胡汤合黄连解毒汤加减，惯用药物如柴胡、枳实、大黄、姜半夏、赤芍、丹皮、蒲公英、银花、焦山栀、延胡索、金钱草、茵陈、川连等。

从病理分析来看，胆囊炎都由于胆汁郁积，奥迪括约肌痉挛，细菌感染等所致，与祖国医学认为胆道疾患系肝胆气郁、湿热蕴结、气血瘀滞、通降失司而成的理论十分吻合，因此为采用中西医结合治疗胆囊炎、胆石症提供了有力的依据。

第五节　善用药对

药对是介于中药学和方剂学的一门新学科，构架了从中药学到方剂学的一座桥梁，也可以称作捷径，有人说如果你不去研究药对学，那么你就不会开处方，也绝对开不好处方，虽然有点绝对，但是也体现出药对的重要性。药物的配伍就是分析复方时两种药物的协同或是拮抗作用，并反映在人体身上。《神农本草经》记载"药有阴阳配合"，诠释了药对的定义，其序例云："有相须者，有相使者，有相恶者，有相畏者，有相反者，有相杀者。"因此临床上药对基本原则："当用相须相使者良，勿用相恶相反者。若有毒宜制，可用相畏相杀者。不尔，勿合用也。"相须、相使属于协同作用，相恶、相杀属于拮抗作用，药对不应只限于具阴阳对立属性的药物，凡是自成一方疗效确切者皆可。即药对应包含两味经常联合使用的药物。

药对方最早见于《黄帝内经》半夏秫米汤和乌贼骨丸，首创于张仲景的《伤寒杂病论》，药对名迟见于《徐之才雷公药对》，明代李时珍在《本草纲目》中摘录并丰富了徐之才的十剂药对，药有宣、通、补、泄、轻、重、涩、滑、燥、湿十种。唐孙思邈《千金方》云："凡欲为大医者，必须谙《素问》、《甲乙》……《本草》、《药对》、张仲景、王叔和……乃为大医。"宋代宋令祺撰《新广药对》，元代后有关药对的著作已经看不到记载。鲁老临证遣方用药较为精简，善用药对，提高药效。

一、苍术、白术

（一）单味功用

苍术，又名赤术，苍术味辛、苦，性温，入脾、胃经。本品辛温升散，苦温燥湿，内可化湿浊之郁，外能散风湿之邪，故有燥湿健脾、祛风湿和发汗解风寒之邪，凡湿邪为病，不论表里上下，都可使用。既可以治疗风湿痹痛、表证夹湿、湿阻中焦、痰饮和水肿，又可以治疗湿热下注之疮疹和脚气肿痛，其气辛烈，故强胃健脾，宣化痰饮，芳香辟秽，阴虚内热、气虚多汗者忌用。

白术，也称山姜、冬白术，以浙江於潜所出最佳，本品性味苦甘温、入脾胃经，功能为健脾益胃、燥湿和中，既能补脾益气，治疗脾胃气虚、运化无力的食少便溏、消化不良、肢软神疲等症；又能燥湿利水，治疗脾虚湿蕴、水湿内停之痰饮、水肿、小便不利等症；还能固表止汗安胎，治疗脾虚气弱、肌表不固而自汗和胎动不安等症。

（二）伍用功能

苍术、白术都有燥湿健脾的功用，但是苍术苦温辛烈，燥湿力胜，散多于补，偏于平胃燥湿，多用于湿盛的实证，白术甘温性缓，健脾力强，补多于散，偏于补脾益气，多用于脾弱的虚证。苍术能发汗，白术能止汗，两药相伍，补脾之白术和运脾之苍术，运补相兼，中焦得健，脾胃运化如常，水湿能够被运化。

（三）主治

（1）脾胃不健，纳运失常，以致消化不良、食欲不振、恶心、呕吐等症；
（2）湿阻中焦，气机不利，胸脘满闷，呼吸不畅等症；
（3）湿气下注，腹胀，肠鸣等症。

（四）常用量

苍术 6～10g，白术 10～15g。

（五）临证经验

鲁老临证处方时，因皮肤病多因湿而来，故苍术白术惯用炒品，可增强其燥湿健脾之功，可治疗一切蕴湿不化，下肢肿胀，脘腹胀满，像脾湿型带状疱疹，慢性湿疹，寒湿型银屑病。

二、赤芍、白芍

（一）单味功用

赤芍,也称红芍药,味苦,性微寒,入肝经。功能为清热凉血,祛瘀止痛,善清泻血分郁热，既能活血又能凉血，治疗血热之斑疹和吐衄；又能活血通经、祛瘀止痛，治疗经闭痛经，跌打损伤，肠风下血，疮痈肿痛；还能清泻肝火，治疗肝热目赤、目生翳障。

白芍，又名白芍药，味苦酸甘，性微寒，归肝脾经。功善养血柔肝，补阴抑阳。肝为刚脏，主藏血，血虚阴亏则肝阳上亢，症见头痛、眩晕、胁肋疼痛；又能养血敛阴，调经止痛，症见血虚或阴虚引起的月经不调、崩漏；且能敛阴和营止汗，治疗阴虚盗汗和营卫不和之表虚自汗证。

（二）伍用功能

赤芍泻肝火，白芍柔肝养肝阴，赤芍以泻为主，白芍以补为主，两者配伍，一补一泻，一收一放，能够增强清热散瘀和养血敛阴的功效。

（三）主治

（1）胸胁疼痛，脘腹四肢痛症。
（2）阴虚津亏，目赤肿痛而虚热者。
（3）月经不调，闭经诸症。

（四）常用量

赤芍 6 ～ 10g，白芍 6 ～ 15g。

（五）临证经验

白芍敛阴，赤芍散瘀凉血，两者相得益彰，鲁老在临床上善用两者合以养血润燥，可治疗血虚风燥型银屑病、老年性瘙痒症和肌肤甲错。

三、米仁、红枣

（一）单味功用

米仁，也称薏苡仁。味甘淡，性微寒，入脾，胃，肺，大肠经。甘淡利湿，微寒清热，能够利水渗湿，还能健脾止泻，补脾不滋腻，利水又不伤正，是一种生活中很常见的谷物，容易被消化，上能清肺金之热，下能利肠胃之湿，能够清热排脓，治疗肺痈，肠痈；还能渗湿除痹、缓和拘挛，用于治疗水肿、肌肉挛急、湿痹筋脉拘挛，以热痹为宜；能够健脾止泻，治疗脾虚泄泻。

红枣，也称大枣，味甘，性平，入脾、胃、心、肝经，为补中益气、养血安神之药。本药质润性缓，补脾胃、调营卫、补阴血、缓和药性，用于治疗脾虚食少便溏等症，也适用于血虚萎黄及妇女脏躁，以及在药性峻烈的方剂中起到减缓药性、护胃的作用。

（二）伍用功能

米仁，甘淡渗利，健脾利湿；红枣甘缓补中，缓和药性，两药伍用，健脾护胃，调和脾胃，起到固护胃气的作用。

（三）主治

（1）脾胃虚弱，倦怠乏力。
（2）缓和峻烈药的毒副作用。

（四）常用量

米仁 10～30g，大枣 10～30g。

（五）临证经验

鲁老考虑到皮肤病大多为苦寒清热解毒药，长时间服用容易败胃，所以加米仁、大枣加以护胃，脾胃之气养好方能运化正常。

四、牛膝、木瓜

（一）单味功用

牛膝，味苦、酸、甘，性平，入肝、肾经。有川牛膝和怀牛膝之分，药效基本相同，怀牛膝偏于补肝肾、强筋骨，川牛膝偏于活血化瘀。牛膝乃足厥阴、少阴之药，大抵得酒则能补肝肾，生用则能去恶血，本品善于活血通经，用于治疗血瘀引起的痛经、经闭、产后腹痛、胞衣不下和跌打损伤等症；又能补肝肾、强筋骨，用于治疗肝肾不足，腰膝酸软；还能引火下行，用于治疗上部火热证，如气火上逆导致血热妄行之吐血、衄血证，肝火上炎引起的头目眩晕和头痛目赤，以及胃火上行引起的口舌生疮和牙痛。另兼能利尿通淋，用于治疗淋证、水肿和小便不利。

木瓜是贴梗海棠的干燥近成熟果实，味酸，性温，入肝、脾经。其功效

浙江中医临床名家·鲁贤昌

是舒筋活络，除湿和胃，因其属性为酸温气香，酸入肝，肝主筋，故能够舒筋活络，气香醒脾，入脾经，和胃除湿，生津促消化。用于治疗风湿痹痛，筋脉拘挛，脚气肿痛；也可治疗胃阴不足，消化不良，食欲不振等。

（二）伍用功能

木瓜缓急止痛、舒筋活络，治疗风湿痹痛之标，牛膝补肝肾、强筋骨、活血通经，为治疗风湿痹痛之本，两药伍用，标本同治，共奏除痹之效。

（三）主治

风湿痹痛日久，肢体麻木，半身不遂。

（四）常用量

牛膝 15 ～ 30g，木瓜 10 ～ 15g。

（五）临证经验

牛膝能引药下行，木瓜能舒筋活络，鲁老在临床上常用两者配伍治疗鹤膝风。

五、焦山栀、淫羊藿

（一）单味功用

焦山栀，也称栀子、黄栀子、木丹，味苦，性寒，入心、肝、肺、胃、三焦经。本品生用泻火，炒黑止血，姜汁炒能够除烦止呕，既能够清三焦之火而除烦，用于治疗热病烦闷等症；又能清利湿热，治疗湿热蕴结肝胆所致的黄疸；能泻火解毒，治疗血热妄行的吐血、衄血、尿血等；还能泻火解毒治疗热毒疮疡；此外，外用能有消肿止痛之功，用于治疗跌打损伤之肿痛。

淫羊藿，也称仙灵脾，味辛，性温。入肝、肾经。本品辛甘温，既善补肾阳，益精起痿，用于治疗肾阳虚引起的阳痿、不孕及尿频等症；又能补肝肾，强筋骨，祛风湿，用于肝肾不足的筋骨痹痛、风湿拘挛麻木等症；又能止咳平喘，用于治疗阳虚咳嗽；还能扩张周围血管、降低血压，治疗高血压病。

（二）伍用功能

栀子味苦气寒，善于清利湿热；淫羊藿，辛香甘温，补肾助阳，祛湿散寒，舒筋通络，栀子以利湿为主，淫羊藿以燥湿为要，两药伍用，一利一燥，湿去病好。

（三）主治

风湿顽痹。

（四）常用量

焦山栀 3 ～ 10g，淫羊藿 10 ～ 30g。

（五）临证经验

栀子和淫羊藿，一阴一阳，阴能利湿清热，阳能振奋阳气，提高机体免疫力，增强抗病能力，对后期痹证有很好的效果。

第五章

学术成就

第一节　顾护脾胃，重视后天

一、外证内治，重视脾胃

《丹溪心法》讲："有诸内者，必形诸外"，中医外科疾病不单单从外而治，其实质上是内部脏腑疾病在外部的局部表现与反映，故在中医外科疾病的论治中应密切结合脏腑理论来进行相关诊疗。脾胃为后天之本，生化之源，居于中焦，在外科疾病转归中的作用。根据脾胃的强弱可以判断疮疡的吉凶、顺逆。鲁老临床治疗上十分重视顾护脾胃。脾胃为后天之本，脾胃健旺则水谷之精微得以敷布，五脏六腑、四肢百骸得以濡养，不易发生外疡。《素问·灵兰秘典论》曰："脾胃者，仓廪之本，五味出焉。"《素问·经脉别论》又曰："饮入于胃，游溢精气，上输于脾，脾气散精，上归于肺，通调水道，下输膀胱，水精四布，五经并行。"说明脾胃为后天之本，脾胃健则水谷精微得以化生，气血充沛，五脏六腑、四肢百骸得以濡养，筋骨关节得以滋养，气血畅行，营卫调和。

受恩师余步卿老先生影响，鲁老十分重视脾胃。《外科正宗》提出"盖疮全赖脾土，调理必要端详"，反复强调，宁可罔效，不得伤脾。鲁老整理余老学术经验时指出，保护脾胃，不致加重其虚是外证治疗中一个十分重要的问题。重视脾胃，保护津液，是外科疡证治疗十分重要的一个方面。先生临证中，坚守辨证立法不忘脾胃，遣药组方想着脾胃两个原则。脾胃虚弱者，方中常佐入健脾和胃之品。后期肢倦纳呆、面色㿠白、疮口新肌生长缓慢者，常用四君子汤加扁豆、山药、谷麦芽等益气醒脾。在疾病治疗过程中，强调切忌寒凉克伐，以免损伤脾胃，不利于疾病的恢复。

二、辨证思脾胃

鲁老在辨证论治过程中，不论病性之寒热，病情之缓急，病位之表里，均问及患者与脾胃相关之症状，如观肢体壮瘦，问胃纳多少、排便情况及既往肠胃疾病，结合现有之临床症状体征，以查胃气之盛衰。

中医辨病辨证过程中，始终离不开整体观念，明代陈实功在《外科正宗》说："治外较难于治内，内之证或不及其外，外之证则根于其内也。"往往在外在表现难以辨别证候类型时，可结合其他系统表现来明确分辨，而脾胃在分辨外科疾病中有十分重要的地位，故有"善治疮疡者，不在外治，而在内治脾胃"一说。如皮肤疾病病因以湿邪为多，其有外湿内湿之分。脾主运化水湿，脾失健运则可聚生内湿，久而湿热，浸淫肌肤，在外表现轻可见湿疹水疱，重可见痈疽疮疡溃烂。银屑病风邪湿热为外湿，可困脾胃，至气血凝滞，可见神疲乏力、舌红苔黄腻之象。

三、论治重脾胃

鲁老认为病虚者，当补脾胃，脾胃之气旺盛，则正气充足，一可补他脏之虚，二可祛邪外出。病属虚者，当以健脾为先，只有脾胃运化、受纳的功能正常，才能化生为气，生化无穷，使人体五脏得养，气血充盛。鲁老认为，对于正虚明显者，当培养脾胃之气。病实者，防伤脾，急性皮肤病多为风、热、毒、湿等实邪所致，如疮疡、疱疹、痈肿等，多治以清热凉血、泻火解毒等祛邪方法，然祛邪之品药力多峻猛，用之不当极易耗损正气，故鲁老用药之时极为谨慎，或在方中佐以扶脾和胃之品。同时，许多慢性疾病服用时间较长，往往可见胃脘不舒，或闻药欲呕现象，当于方中加入健脾和胃药物，诸如浮小麦、炒二芽等各种谷类，常可收理想疗效。鲁老认为各种谷类具有益胃护津、和诸药，充养中焦、助药力，益气调中、去湿热诸多功效。除在处方中加以应用，亦可用其熬粥作为食疗。

四、切忌寒凉

《外科正宗》中所谓："盖疮全赖脾土，调理必要端详"。在组方治病中，鲁老之师余步卿先生强调"切忌过用寒凉克伐"，是因为这类药物味苦性寒，如过用、早用、滥用则克伐阳气，伤害脾胃，耗损津液，阻滞气血。鲁老用药上忌过用寒凉，认为消解药物大多苦寒，易伤脾胃，而脾胃的强弱可以判断疮疡的吉凶、顺逆。鲁老认为西药的非甾体类抗炎药性寒凉，易伤脾胃之气，故用量偏轻，且不宜久服，患者症状有所改善即应及时停药。脾胃为后天之本，脾胃健则水谷之精微得以敷布，百骸得以濡养，脾胃健旺则气血自充，疮疡未成者易散，已成者易溃，已溃者易敛。脾胃衰则生化乏源，气血不足，起则难消，中则难化，溃则难敛，所以避免过用大剂寒凉之品也是保护脾胃之法。

五、健脾之品，灵活用之

鲁老恩师余老曾言："溃后肿痛已退大半，饮食起居如常者，只用外治，毒净自然收敛。偶见虚象者，须用补益。若火毒未清而见虚象者，当以清理为主，佐以补益之品。"在治疗脑疽后期，当以恢复人体正气为主，促使新肌生长及疮口早日愈合。如纳减便溏者用四君酌加扁豆、山药、谷麦芽等，精神倦怠，面色㿠白者加芪、归、芍扶正，配忍冬藤、甘草等消残火；日晡潮热、舌红脉细者用石斛、麦冬、生地等生津养液。其他如姜汁炒川连、竹茹、炒山栀、炒条芩等，以缓和苦寒药性之偏，减其攻伐之力。

鲁老师从余老，认为不同病因所致脾病各不相同，因此临床治疗方法众多，应灵活辨证选用，用药原则多样，从而达到治疗疾病目的。脾主运化，脾虚则水谷精微无以生化，水湿痰饮内生，治以化湿运脾，选用砂仁、白豆蔻、苍术、佩兰等药物。当脾失健运进一步发展，应选用健脾利水渗湿之品，如五苓散。肝主疏泄，脾主运化，土虚木乘，肝脾不和，必须进行开郁醒脾，选用玫瑰花。脾为太阴湿土，须得阳气资助，故有温中健脾之法，可选干姜、吴茱萸等用药。脾主升清，故采用升阳健脾的人参、黄芪等。当湿热蕴脾，此时须采用清热利湿健脾的薏苡仁、木瓜等药物。脾宜升则健，胃宜降则和，故有消积健脾之法。而寒凉之品易伤及脾胃。故常在辨证施治的方药中加生黄芪、党参、当归、炮姜、肉桂等以助温化；遇到年老阳虚或气血两亏者，局部疮形平塌散漫，色灰暗不泽，化脓迟缓，腐肉难脱者，为正不胜邪，邪毒内陷之势，则为逆证、虚证，此时更要温化补托。忌用过量寒凉并非反对用清解之法，对于邪毒鸱张之症，则应大剂寒凉之品，如黄芩、黄连、黄柏、知母、紫雪丹、牛黄不可手软，苦寒直折，否则毒势肆横，难以收拾。鲁老喜用焦山栀及淫羊藿、米仁及红枣等药对，既能寒热互调，又能顾护脾胃。

六、儿童用药，健脾为先

在儿童用药上，鲁老提倡健脾为先。小儿脏腑娇嫩，形气未充，脾胃不足。故小儿皮肤病多是脾虚造成，在治疗婴幼儿的外疡时，用药更要注意顾护脾胃，脾胃健运生化不仅有利于疾病的恢复，而且也会促进小儿的生长发育。鲁老在治疗儿童皮肤病时，以健脾培土为主，最喜健脾消导之品，如太子参、白术、茯苓、薏苡仁、鸡内金、神曲、炒二芽、砂仁等。

第二节　病证结合，相得益彰

在现代医疗中，往往需要中西医结合治疗，西医辨病为首要条件，中医治疗则强调辨证论治。事实上，中医的某个证（证候）可以出现在西医的不同疾病中，而西医的某个病的不同阶段又可包括中医不同的证，如急性湿疹、接触性皮炎、急性荨麻疹等疾病某一阶段均可见皮疹色鲜红，皮温增高，辨为热毒夹湿证。而银屑病根据表现不同可以分为血热内蕴证、血虚风燥证、气血瘀滞证、湿毒蕴积证、风寒湿痹证和火毒炽盛证。此中医之所谓"同病异治，异病同治"。故鲁老在临证过程中非常重视辨证与辨病相结合，认为两者同样重要。鲁老坚持中医之整体观念，在认识疾病和治疗疾病过程中从宏观出发，应用中医四诊八纲辨证，整体辨证施治。

鲁老在运用西医学知识及现代仪器设备的辅助下确定疾病类型后，运用中医诊疗技术，辨别阴阳之盛衰、气血之强弱、病性之寒热、病位之表里，整体阐明相关疾病发生之病因病机，以此立法组方。鲁老强调，虽然中西医是两门不同的学科，在辨证施治、辨病治疗上各具特色，各有优势，但因其理论体系各不相同，又有其各自的局限性，故因扬长避短，相互结合，取长补短，才能相得益彰。如诊疗皮肤疾病过程中，运用现代仪器，可更加细致清晰地观察病灶处皮损的细微情况，帮助更加客观地反映疾病情况，从而提高诊断的准确性，有助于对疾病的立法用药及治疗过程中用药疗效的准确捕捉和预后评估。

医案 1 方某，女，18 岁，2011 年 10 月 8 日初诊。

主诉：关节肌肉疼痛伴发热 3 月余。病史：患者 3 个月前无明显诱因出现四肢大小关节、肌肉疼痛，上下楼梯和劳累时明显，自觉有发热，测体温为 37.5℃。面色无华，肢冷，食欲减退，恶心欲呕，尿少，大便溏。月经先后不定期，量偏少。在外院风湿免疫科诊断为"系统性红斑狼疮"，予泼尼松等药物治疗，病情控制稳定。现为进一步治疗，故来我院门诊。

专科检查：双颊部及鼻背部可见对称性红斑，色极淡，呈蝶形，边界清楚。下肢水肿（＋），四肢关节无畸形，被动活动可。实验室检查：类风湿因子阳性，白细胞计数为 $3.5×10^9$/L，尿蛋白（＋＋）。舌质淡嫩，舌边有齿痕，舌苔白，脉沉细。

西医诊断：系统性红斑狼疮。

中医诊断：红蝴蝶疮。

辨证：脾肾阳虚证。

治法：健脾祛湿，温补肾阳。

处方：黄芪 15g，炒党参 15g，太子参 15g，枸杞子 15g，苍术 9g，龙骨（先煎）15g，牡蛎（先煎）15g，熟地 15g，米仁 30g，红枣 30g，淫羊藿 10g，茯苓 15g，黄肉 15g，杜仲 10g，山药 15g，白术 15g，玫瑰花 10g，猪苓 15g，丹参 10g，牛膝 15g，防风 15g，赤芍 15g，防己 15g，木瓜 15g，白芍 15g，延胡索 15g，川石斛（先煎）12g，冬瓜皮 15g。7 剂。

按： 患者脾阳虚，故面色无华、食欲减退、恶心欲呕、大便溏；肾阳不足，故肢冷、尿少；脾虚湿蕴，阻滞关节经络，故关节肌肉疼痛、下肢水肿；湿邪化热，故发热。脾肾不足，肝血亦有损伤，故月经先后不定期，量偏少；舌质淡嫩，舌边有齿痕，舌苔白，脉沉细，为脾肾阳虚之征象。辨证为脾肾阳虚证，治疗宜健脾祛湿、温补肾阳。方中黄芪、炒党参、太子参、山药、白术、米仁、红枣益气健脾、顾护中州，茯苓健脾祛湿，苍术燥湿健脾，木瓜平肝舒筋、和胃化湿，防己、猪苓、冬瓜皮利水消肿，防风祛风除湿，淫羊藿、杜仲温补肾阳，黄肉温脾阳，枸杞子平补肝肾，龙骨、牡蛎重镇潜阳，熟地、白芍补血养阴，川石斛滋阴清热，延胡索、赤芍、丹参、牛膝活血，玫瑰花理气。

医案 2 仇某，女，54 岁，2013 年 3 月 18 日初诊。

主诉：面部红斑 1 月余。病史：患者 2 个月前外出旅游劳累后，面颊部、鼻背部出现红斑，边界清楚，呈蝶形对称分布，有轻微瘙痒感、灼热感，日光照射后加重。伴有低热，体温波动在37.2～37.8℃，面色萎黄，四肢乏力，腰酸，肌肉关节疼痛，口渴，食欲减退。在外院诊断为"盘状红斑狼疮"，予口服药物治疗，症状控制尚可，现为进一步治疗，遂要求中医药治疗。

专科检查：体温为37.5℃，呼吸为19次/分，脉搏为88次/分，血压为130/90mmHg。面颊部、鼻背部可见水肿性蝶形红斑，边界清楚，对称分布。血常规：WBC为4.0×10^9/L，RBC为3.5×10^{12}/L，HB为75g/L，PLT为68×10^9/L。尿常规：白细胞（++），蛋白（+++）。抗核抗体（ANA）：1：820（+）。舌质淡，苔黄腻，脉数。

西医诊断：盘状红斑狼疮。

中医诊断：红蝴蝶疮。

辨证：湿热郁滞，兼脾虚。

治法：清热利湿，佐以健脾。

处方：黄芩12g，车前草30g，车前子15g，石膏（先煎）30g，金银花30g，地肤子15g，白鲜皮15g，通草6g，黄芪30g，六神曲12g，伸筋草15g，萝卜籽15g，玫瑰花10g，荆芥15g，鱼腥草15g，连翘12g，太子参15g，白术15g，米仁30g，红枣30g。7剂。

按：患者面部红斑，有轻微瘙痒感、灼热感，伴有低热，肌肉关节疼痛，口渴，苔黄腻，是湿热郁滞之象。盖因脾胃本虚，渐生湿化热，湿热之邪亦可损伤脾胃，故患者有面色萎黄，四肢乏力，食欲减退，舌质淡等脾胃虚弱征象。辨证为湿热郁滞，兼脾虚。治疗宜清热利湿，佐以健脾。方中车前子草、黄芩、通草清热利湿，地肤子、白鲜皮祛风除湿，荆芥祛风，伸筋草消肿除湿、通关节，石膏清热泻火，金银花、连翘、鱼腥草清热解毒，六神曲消食调中，萝卜籽、玫瑰花理气，黄芪、太子参、白术、米仁、红枣益气健脾，顾护脾胃后天之本。

红斑狼疮（SLE）是一种累及皮肤和全身多脏器、多系统的自身免疫性结缔组织病。本病临床表现差异较大，主要有慢性皮肤型红斑狼疮（如盘状红斑狼疮）和系统性红斑狼疮，后者更为多见。中医称"红蝴蝶疮"。历代古籍虽未言明"红蝴蝶疮"，但亦有相关描述。《诸病源候论·时气阴阳毒候》载："此谓阴阳二气偏虚，则受于毒。若病身重腰脊痛，烦闷，面赤斑出，咽喉痛，或下利狂走，此为阳毒。若身重背强，短气呕逆，唇青面黑，四肢逆冷，为阴毒。或得病数日，变成毒者；或初得病，便有毒者，皆宜依证急治。失候则杀人。"《普济方·肾脏门》曰："夫肾脏风毒流注

浙江中医临床名家·鲁贤昌

腰脚者，其状腰脚沉重，筋脉拘急，或作寒热，或为疼痛，或发疮疡是也。""肾脏风毒"之称更贴近病因病机。此外，在"鬼脸疮""日晒疮""心痹""肺痹""痹证""水肿"中也有相关描述。

盘状红斑狼疮多见于中青年女性，男女比约为1：3，多为慢性局限性，主要表现为皮肤损害，红斑表面覆有黏着性鳞屑，边界清楚，扁平或微隆起，鳞屑下的角质栓嵌入扩大的毛囊内，皮损中央色素减退，周围色素沉着。面部、鼻背部皮损可逐渐融合，形如蝴蝶状。累及唇部时，可发生糜烂、溃疡；累及头皮时，可遗留永久性瘢痕性脱发。一般无明显自觉症状，日晒后可诱发或加重病情。

系统性红斑狼疮多见于中青年女性，男女比约为1：10，主要特点是可累及全身多器官系统，病情较重。皮肤损害与盘状红斑狼疮相似，同时有全身症状。主要有发热，关节肌肉疼痛，股骨头坏死，白细胞和血小板计数减少，溶血性贫血，肾炎、肾病综合征表现，心包炎、心肌炎，胸腔积液、胸膜炎，恶心呕吐、腹痛腹泻，肝损害，精神情志异常，视网膜病变等。造成患者死亡的主要原因是肾衰竭、狼疮性脑病和继发感染。

本病病因尚未明确，可能与遗传、性激素水平、紫外线照射、药物和感染有关。中医一般认为与先天禀赋不足、肝肾阴亏有关。鲁老认为，红斑狼疮的辨证初期可以从湿、热入手，久则从肾虚着手。久病及肾，肾虚是根本，肾虚精血不足，加之腠理不固，日光暴晒，外热入里化毒，阻滞脉络，损伤脏腑和肌肤而发病。治疗上，急性期以清热化瘀为主，慢性期以补益肝肾为主。鲁老在治疗时，既重视肾之先天，也注重顾护脾胃后天之本，常用米仁、红枣健脾胃，补充气血生化之源。临床上，西医常用糖皮质激素、抗疟药、非甾体抗炎药、免疫抑制剂等药物系统治疗，对于此类患者，需结合中医中药治疗，以增强疗效，减轻糖皮质激素、免疫抑制剂对人体的毒副作用。对已经使用激素且使用剂量较大，时间较久的患者，不能突然停用激素，以免引起反跳现象，使病情急剧恶化，而应以辨证论治为基础，循序渐进，有条不紊地逐渐减量，维持病情稳定后，最终停服。对于初用激素治疗者，起始剂量较小的，可以视情况直接停用。同时，从中医角度讲，激素类药物性属温热，温热之邪易于伤阴，尤其久用激素者，常为阴虚体质，久之阴损及阳，阴阳两虚。因此在辨证施治过程中，宜加女贞子、枸杞子、熟地之品补益肝肾之阴，调整病人体质。另外，在激素减量过程中为避免出现反跳现象，可在中药中加上有类激素作用的温阳补肾类药物，如淫羊藿、巴戟天、肉苁蓉、补骨脂、杜仲、沙苑子、菟丝子等，激素减量越大，用量也可越大。除中医辨证论治外，还可以采用针灸、穴位封闭、挑治等疗法。总之，临床上常中西医结合治疗，以缩短病程、提高治愈率。疾病表现好转者，需注意复查血尿常规、C3、C4、ds-DNA 定量试验、肝肾功能等实验室指标。必要时，还可以复查 24 小时尿蛋白定量、心电图、超声心动图、胸片、心肌酶谱等，利用现代化的检测技术及诊断标准提高其诊断准确性，减少漏诊及误诊的发生。在急性暴发期或活动程度较严重时，治疗常采用糖皮质激素、免疫抑制剂及支持疗法等以控制炎症并减轻自身免疫反应；同时认为毒热、肾虚及血瘀为其主要病因病机，施以清热解毒、补肾活血，根据辨证，掌握主次，选用相应方药随症加减。

预防调护上，不能忽视外界诱因对诱发或加重系统性红斑狼疮的作用，故在治疗时，要关注疾病的诱发因素。医生应帮助患者树立积极向上的心态和战胜疾病的信心，加强心理疏导。患者应注意生活规律，劳逸结合，注意休息，避免劳累，避免情绪波动起伏；避免日晒，减少紫外线照射；预防感冒、药物诱发或加重病情；忌酒类、辛辣刺激食品，有肾脏损害者限制豆类等高植物蛋白摄入。病重者需卧床休息。

第三节 古方活用，原创发挥

鲁老在学医之路上，十分重视对传统医学的掌握，熟谙《黄帝内经》《难经》《金匮要略》《伤寒论》《医宗金鉴·外科心法要诀》《外科正宗》等经典著作，从中学习经典方药。同时还广泛研读古今中外各家流派学说，取其所长，以为己用，因此对部分医家的经验方也有所心得。如治疗老年瘙痒症，鲁老遵《金匮要略》之百合地黄汤法。治疗膏淋、浊淋，遵《医宗金鉴》之知柏地黄丸法。治疗急腹症，循《金匮要略》之大黄牡丹汤法。治疗咽喉疾病，用《雷允上诵芬堂方》之六神丸。

然临床治疗上，大部分患者病情往往不同于书籍中所写那般——对应，鲁老结合自身数十年治疗体会，融会贯通，不断探索，也研发出一些属于自己的经验方。在鲁老学习皮肤科疾病时，细致观察皮炎湿疹之临床特点，自创皮灵 1 号和皮灵 2 号等经验方；另有治疗急性湿疹之银癣止痒汤，治疗阴囊湿疹之艾柏汤等。

一、古方活用

（一）瓜蒌牛蒡汤

瓜蒌牛蒡汤出自《医宗金鉴》，组方：瓜蒌仁、牛蒡子、天花粉、黄芩、山栀、金银花、连翘、皂角刺、青皮、陈皮、柴胡、生甘草。本方具有解郁清胃、和营散结之效，为清法之代表方剂。

鲁老以此方治疗乳痈，《外科精义》讲"乳子之母，不知调养，怒忿所逆，郁闷所遇，厚味所酿，以致厥阴之气不行，故窍不得通而汁不得出，阳明之血热沸腾，故热甚而化脓"。鲁老总结其发病关键在于肝胃两经。肝之疏泄失畅，阳明积热上乘是本病郁乳、结块、酿脓、溃破的机制。所以疏肝解郁、清热和胃当是治疗乳痈的根本大法。瓜蒌牛蒡汤正合此法。方中瓜蒌清热理气化痰结，牛蒡子散风热解热毒，柴胡疏肝解郁，青陈皮理气导滞散肝之郁结，皂角刺软坚消块直达病所，银花、条芩、山栀、连翘散风温之热、清血中之毒。该方重在清泄肝胃之热，疏散气分之郁结，乳痈肿而未成者可散，肿而成脓者可溃，实为治疗乳痈之良方。

（二）八珍汤与大补元煎

八珍汤出自《瑞竹堂经验方》，组方：人参、白术、白茯苓、当归、川芎、白芍药、熟地黄、甘草。大补元煎出自《景岳全书》，组方：人参，山药，熟地，杜仲，当归，山茱萸，枸杞，炙甘草。

鲁老运用此两方治疗骨关节炎的老年患者，鲁老认为老年人具有如下特点：正气渐衰，脏腑虚损，津液亏虚，诸病蜂起；卫气不足，营阴亏虚，外邪易袭；正气亏虚，血运乏力，易致疲滞；脾胃气虚，运化失健，痰湿易生；正气亏虚，抗邪乏力，病多缠绵。因此正气亏虚也是骨关节炎的主要病理特点之一，临床几乎所有患者均有正虚之表现，但以正虚为主要表现者占的百分率并不甚高，气血亏虚、肝肾亏虚两型占该病患者的20%左右。因此，治疗中必须十分重视益气养血、滋补肝肾药物的运用，从而使正气得鼓，气血得养，肝肾得补，经脉得荣，痹阻得通。鲁师对此两型患者通常分别选用八珍汤、大补元煎加减。此外，气血亏虚还常选用太子参、山药、黄芪、何首乌、阿胶等益气养血药物；肝肾亏虚则常选用桑椹、杜仲、续断、骨碎补、补骨脂、菟丝子、巴戟天、淫羊藿、胡芦巴等滋肝补肾药物。

（三）黄连解毒汤与犀角地黄汤

黄连解毒汤出自《肘后备急方》，组方：黄连、黄芩、黄柏、栀子。犀角地黄汤出自《外台秘要》，组方：犀角（水牛角替）、生地、芍药、丹皮。此两方用于疔疮走黄。走黄多因疔疮早期失治或误治而未能及时控制毒势，误食辛辣、酒肉鱼腥，或加艾灸更增火毒，或挤压碰撞促使火毒鸱张，迫毒横行走散，毒入营血，内攻脏腑而发。其发病凶猛、迅速，多为正盛邪实之证。主要证候表现为：局部疮顶突然黑陷，周围迅速漫肿、无脓、皮色暗红。全身伴有寒战高热、头痛、烦躁不安、苔黄糙、舌红绛、脉洪数等实热症状。若更甚者，可出现内攻脏腑的各种不同表现。《疡科心得集》说："毒入于心则昏迷，入于肝则痉厥，入于脾则腹疼胀，入于肺则喘嗽，入于肾则目暗、手足冷，入于六腑亦皆各有变象。兼证多端，七恶叠见。"

对于疔疮走黄，鲁老多遵余老之法，以清热解毒为治疗原则。在运用犀角地黄汤时，常以紫雪丹易犀角，重用鲜生地、丹皮。紫雪丹清热解毒、散结镇惊；鲜生地甘苦寒，清热凉血生津；丹皮苦寒，凉血散瘀。此法遵从余老"不清其热则血不宁，不滋其阴则火不熄"之意。凉血、生津、散瘀不足挫其鸱张之势，用大苦、大寒之剂直折，恐鸱张之邪火难以熄灭。因而鲁老除上述之药外，还重用解毒药物，如银花、紫花地丁、草河车、大青叶、毛慈菇等清解毒热。这样，对于疔疮走黄的治疗，济清热、滋阴、解毒、凉血于一堂。

（四）白虎汤

白虎汤出自《伤寒论》。组方：生石膏、知母、炙甘草、粳米。本方有清热生津之效，用于阳明气分热盛，外达卫分或内迫营血所致肤生红斑、丘疹、风团、水疱之皮肤病。方中石膏甘辛大寒，擅能清热；知母苦寒而润，长于泻火滋燥；石膏、知母相伍，以清阳明独盛之热而保胃津。炙甘草、粳米，益气和中，一则气足津生，再则可避免寒凉伤胃之弊。肤生水肿红斑，或痒或疼者，可在此方基础上加用大青叶、玄参、生地黄、牡丹皮、赤芍，以凉血消斑。对日光敏感者，可加用大青叶、青蒿、生地黄、牡丹皮、赤芍、金银花，以清热解毒。

（五）六神丸

六神丸见于《雷允上诵芬堂方》。组方：珍珠粉、犀牛黄（人工牛黄替）、

浙江中医临床名家·鲁贤昌

冰片、麝香、雄黄、蟾酥。

　　鲁老用此方于咽喉部的急性炎症（急性咽炎、急性喉炎、急性扁桃腺炎）。咽喉部急性炎症属中医"喉痹"范畴，多因风热火毒上扰，壅闭咽窍，致气血阻滞，经络闭阻而为病。临床症见，突发咽窍肿痛、吞咽不利或困难，并伴发热、头痛、舌边尖红或舌赤，苔薄黄，脉浮数或洪大等。六神丸凉血、化瘀、香窜，奏清热解毒、消肿止痛之效。方中牛黄性味苦凉，有豁痰开窍、息风定惊、清热解毒等作用；冰片辛苦，有开窍清热、止痛散结的作用；麝香辛温走窜，通行十二经，具有活血止痛、开窍通闭的卓著功效，蟾酥甘辛平有毒，解毒消肿等作用颇著；雄黄辛温有毒，解毒辟秽兼杀虫，并可缓和痛症；珍珠性味甘咸寒，有镇定心惊、生肌长肉的功效。鲁老以此药行相关临床研究，结果表明其对喉部急性炎症总有效率为86.4%（共162例），且仅有少量患者有轻微的胃肠道不适或皮肤过敏。

（六）大柴胡汤

　　大柴胡汤见于《伤寒论》。组方：柴胡、黄芩、芍药、半夏、生姜、枳实、熟大黄、大枣。此方有外解少阳，内泻热结之功效。凡由少阳邪热未解，阳明里实热盛所致，以肤生风团、紫癜、红斑、结节为特征的皮肤病，均可用此方化裁。方中柴胡、黄芩疏利少阳，清泻郁热；芍药缓急止痛；半夏、生姜降逆止呕；枳实、大黄利气消痞，通下热结；大枣和中。诸药配合，共奏和解少阳、通下里实之功。肤生风团，色赤而痒者，加荆芥 10g，防风 10g，白蒺藜 9g，丹参 15g 以祛风清热；肤生紫癜，色如葡萄者，加阿胶珠 15g，生地黄炭 30g，三七粉（冲服）6g，牛膝 10g，芦根 15g，白茅根 15g 以止血行瘀；肤生红斑，触之灼热者，加生地黄 30g，牡丹皮 10g，丹参 15g，紫草 10g，大青叶 15g 以凉血消斑；肤生结节，绕胫而发，灼热疼痛者，加忍冬藤 15g，板蓝根 15g，王不留行 10g 以清热散结。

（七）大黄䗪虫丸

　　大黄䗪虫丸见于《金匮要略》。由大黄、黄芩、甘草、桃仁、杏仁、芍药、干地黄、干漆、虻虫、水蛭、蛴螬、䗪虫组成，有活血破瘀、缓中补虚之功效。凡由瘀血内停所致，以两目暗黑、肌肤甲错，肤生结节、粉刺、丘疹、囊肿为特征的皮肤病，均可用此丸或配以相应的汤剂。方中大黄、䗪虫、桃仁、虻虫、水蛭、蛴螬、干漆活血搜络化瘀；地黄、芍药养血润燥；杏仁理气润肠；黄芩清解郁热；甘草、白蜜益气和中，为久病血瘀的缓剂。两目暗黑、失眠多梦者，可用六味地黄丸、酸枣仁汤补益肝肾，药用：熟地黄20g，生山药15g，山萸肉10g，茯苓12g，牡丹皮10g，知母10g，炒枣仁15g，川芎6g，制首乌10g；肌肤甲错，形若鱼鳞者，可仿滋燥养荣汤以荣润肌肤，药用：生熟地黄各15g，天麦冬各10g，当归12g，白芍12g，黄精12g，阿胶（烊化）10g，龟甲胶（烊化）10g，秦艽10g，黑芝麻30g，炙甘草6g；面生粉刺，伴结节、脓疱者，可仿五味消毒饮以清热解毒，药用：金银花20g，野菊花10g，蒲公英10g，紫花地丁10g，丹参15g，赤芍10g，黄芩10g，白芷10g，防风10g，生甘草6g；肤生结节，触之疼痛者，可仿通络活血汤以软坚散结，药用：王不留行10g，泽兰10g，当归15g，赤芍10g，桃仁10g，红花10g，牛膝10g，丹参15g，生牡蛎（先下）30g，浙贝母10g，制香附10g；肤生丘疹，集簇成攒者，可仿化坚二陈汤以除湿散结，药用：法半夏9g，陈皮10g，茯苓12g，甘草6g，生牡蛎（先下）30g，浙贝母10g，丹参15g，赤芍10g，当归12g，夏枯草10g。

二、原创发挥

（一）生肌玉红膏

生肌玉红膏主要用于带状疱疹。带状疱疹是由病毒感染所致的急性炎症皮肤病，以发病迅速、疱疹密集、呈带状分布、针刺样疼痛、病程长为本病特点。传统中医称为"蛇串疮""火带疮""缠腰火丹""蜘蛛疮"等。历代医家虽有许多治疗方法，均以内治见长。鲁老认为皮肤科疾病单用内服药物虽有效，但常使病程延长，疼痛持续不减。尤对年老体弱患者后遗神经痛，达半年或一年之久而不愈，给患者带来很大痛苦。若合用外用药物，往往可缩短患者病程且能明显改善患处临床症状。

生肌玉红膏组方：当归、白芷、紫草、甘草、血竭、白蜡、轻粉、香油。方中当归活血止痛、排脓生肌，善治血瘀之痛，亦有抗菌、抗病毒作用；甘草有类似激素的作用，缓急止痛，对神经疼痛有较好疗效；轻粉能提腐去脓；白蜡、香油能润滑肌肤，保护创面。诸药配伍，药效直接渗透于患处皮肤，能祛除创面坏死组织，促进修复，刺激局部皮肤的神经末梢，改善患处的神经营养和血液循环，使之气血畅达，疼痛减轻，炎症吸收，创面愈合。鲁老以此方治疗带状疱疹156例，其中显效130例，占83%；有效24例，占

15%；无效 2 例，占 2%。总有效率为 98%。

（二）银藓止痒汤

银藓止痒汤是余老的经验方，为本院外科治疗急性湿疹的协定处方。急性湿疹是由多种内、外因素引起的真皮浅层及表皮炎症。中医认为，湿疹是由于禀赋不耐、饮食失节，或过食辛辣刺激荤腥动风之物，脾胃受损，失其健运，湿热内生，又兼外受风邪，内外两邪相搏，风湿热邪浸淫肌肤所致。《医宗金鉴·浸淫疮》云："此症（湿疹）初生如疥，瘙痒无时，蔓延不止，抓津黄水，浸淫成片。由心火脾湿受风而成。"其强调了急性湿疹内因致病的重要性。急性湿疹在临床上瘙痒为主症，皮损多形性，常表现为红斑基础上的针头至粟粒样大小丘疹、丘疱疹，严重时可出现小水疱。

银藓止痒汤组方：金银花、白鲜皮、绿豆衣、杭菊花、丹皮、新会皮、茅术、地肤子、生甘草。方中金银花、绿豆衣、杭菊花清热解毒；白鲜皮、地肤子清热燥湿、祛风止痒；丹皮清热凉血；新会皮、茅术燥湿健脾；生甘草调和诸药。随症加减：湿疹发生于头面部的加冬桑叶；下肢添黄柏、泽泻，去杭菊；湿盛脂水淋漓者酌加茵陈、赤苓、猪苓、车前子，热重而见皮疹鲜红，舌红苔黄，可增连翘、紫地丁、鲜生地，去茅术；瘙痒甚者选山栀、滑石、生石膏、野菊花、条芩等；皮色灰暗，脂水不多时可加秦艽、紫荆皮，去茅术、新会皮，伴有颈项结核者加夏枯草、象贝、炒天虫、竹茹。

治疗急性湿疹疗效：治疗急性湿疹 237 例（湿疹部位为全身性 67 例，四肢部 59 例，头耳部 88 例，外生殖器和肛周 23 例），全部治愈（瘙痒和局部皮损均消失）。治疗次数最少为 1 次，最多 16 次，大部分患者在 2～3 次，即服药 5～9 剂后即告痊愈。

（三）艾柏汤

艾柏汤主要外用于阴囊湿疹。阴囊湿疹是一种慢性的皮肤瘙痒性疾病，属于中医"湿疹"范畴，又称为"肾囊风""绣球风"等。《外科正宗·肾囊风》记载："肾囊风，乃肝经风湿而成，其患作痒喜浴热汤，甚则疙瘩顽麻破流脂水"。本病多因先天禀赋不足，饮食失常或过食肥甘厚腻、刺激之品使脾失健运，湿热内生，下注肝经；或因久居湿地坐卧湿热，蕴于阴囊皮肤而发。概而论之，本病多由风、湿、热邪留于肌肤所致。故本病具有多湿，奇痒，病程缠绵难愈，反复发作等特点，间有糜烂、红肿、渗液、痒痛交作的表现。

艾柏汤组方：艾叶、川柏、蝉衣、五倍子、苦参、蛇床子、百部、芒硝。方中艾叶祛湿止痒；川柏、苦参、蛇床子清热燥湿、泻火解毒；蝉衣疏散风热；五倍子降火收湿；百部杀虫灭虱；芒硝泻热通便，润燥软坚，消火消肿。痒盛加地肤子、白鲜皮，加重苦参、蛇床子用量；渗液多，加茅术、陈皮、枯矾；干燥者，去五倍子、芒硝；皲裂者，加白芷、当归、鱼腥草；潮湿者，加枯矾、石榴皮、黄芩；红肿甚者，加野菊、银花、赤芍、马齿苋，加重川柏量。

治疗阴囊湿疹疗效：经1个疗程治疗观察，痊愈23例，有效6例，无效1例。其中获效时间最快为3天，一般5天左右见效。

（四）抗银丸

抗银丸主要用于银屑病。银屑病（牛皮癣）是一种慢性顽固性的皮肤病，反复发作，缠绵不已。通常冬重夏轻。祖国医学属于"白壳疮"一类疾病。《医宗金鉴》有"多由风邪客皮肤，亦由血燥难荣外"之说，历代医家也有血热、风燥、肝肾不足及湿热内蕴之论。我们认为银屑病虽由多种因素造成，但主要是由风邪湿热、气血疲滞，不能荣外所致。

抗银丸组方：秦艽、大黄、桃仁、莪术、土鳖虫、青皮、郁金、党参、豨莶草、威灵仙、补骨脂、香附、硇砂、黄柏、风化硝、当归、马钱子、红花、乌梢蛇、木鳖子、雄黄、石菖蒲。方中用桃仁、红花、当归、莪术、大黄、土鳖虫、郁金、风化硝活血逐瘀，用青皮、香附、石菖蒲破气散结，用马钱子、木鳖子、硇砂、雄黄解毒消积，秦艽、豨莶草、黄柏、乌梢蛇、威灵仙祛风利湿，党参、补骨脂温阳健脾。方中使用大剂"通、破"之品，着眼于"瘀、结"二字，这是我们用药的重点，也是药物奏效的主要原因。

治疗银屑病疗效：90例患者中有20例因服药反应而中途停药，未满1个疗程故疗效未统计在内。在70例服药在1个疗程以上的病例中，基本痊愈7例（10%），显著好转3例（4.3%），好转43例（61.4%），无效17例（24.3%），总的有效率为75.7%。

（五）灵猫香剂

灵猫香主要外用于疼痛、肿块、外伤等十余病种，即扭挫伤、外伤血肿、炎性肿块、网球肘、肩关节周围炎（早期）、坐骨神经痛、乳房小叶增生及乳房肿块、肋软骨炎、肌腱炎和腱鞘炎、腰椎肥大及腰肌劳损等。

灵猫香剂组方：灵猫香、望春花（研细粉末状）。灵猫香在《本草纲目》

已有"香气灵而神矣"的描述，在《本草拾遗》《异物志》中也分别有"其阴如麝，功亦相似""其气如醉，若杂入麝香中，罕能分别，用之亦如察焉"的记载。由此可知，历代文献早已有对灵猫香与麝香有相似性味的记载。

治疗外伤性疾病疗效：显效 104 例，占 15.7%；有效 485 例，占 73.0%；无效 75 例，占 11.3%。总有效率 88.7%。

（六）痹症 1 号

痹证 1 号辛热温散走窜，具有祛风胜湿、温阳通痹之作用，用于转为阴邪所伤之尪痹甚为有效。临床用于治疗属气阴两亏型的类风湿关节炎等，具有确切的临床疗效。组成：羌活、独活各 9g，延胡索 12g，木瓜 9g，当归 15g，生地黄、熟地黄各 15g，淫羊藿 15g，威灵仙 15g，露蜂房 9g，肉桂 3g，附子 6g，生黄芪 15g，孩儿参 15g，生甘草 6g。结合温灸治疗类风湿关节炎总有效率为 86.6%。

第四节　皮科疾病，内外兼护

一、遣方用药，内外兼修

整体观念是中医学的基本特点，是祖国医学指导临床诊治疾病的基本法则。内外兼治是中医的优势。外治法在临床上用于治疗皮肤病、疮疡、痔瘘、烧伤、乳房病、肿瘤等疾病方面均有显著的疗效，是祖国医学宝库中的一部分。鲁老非常重视外治疗法，在这方面有非常丰富的临床经验。鲁老认为几乎所有的皮肤疾病都需要采用内外两法进行综合治疗，而有的轻浅疾病单独使用外治即可收功，无须内服。

外治法是运用药物，手术或配合一定的器械等，直接作用于体表或病变部位以达到治疗目的的一种常用方法。药有药线、外掺、箍围和敷贴油膏等，法有切、贬、挂、结扎、烙、熨、浴、熏、洗、烘、灸、淋等，吴师机在《理瀹骈文》中记载说："外治之理即内治之理，外治之药即内治之药，所异者法耳。"且历代医家都极为重视外治法，以《五十二病方》《黄帝内经》《神农本草经》《金匮要略》《千金方》《古今图书集成·医部全录》《理瀹骈文》《串雅外编》《洞天奥旨》《医学源流》《验方新编》等古书医籍中收集了大量外治方法、方药。如陈实功熟谙化腐拔管，吴师机精于敷贴，张山雷擅长敛疮等，举不胜举。可见中医外治法是祖国医学宝库的一部分，应该发扬，推广使用。外治法用于皮肤病、疮疡、痔疮、烧伤、蛇伤、美容、急腹症、乳房病、肿瘤等疾病均有显著的疗效。

皮科不同疾病，不同时期，证型不一，外治之法理当不同，均需辨证论治，治病求本，遣方用药，选择不同外用剂型，起到治疗作用。

然皮肤疾病虽以外在表现为主要临床表现，但辨证时应不忘整体观。从皮损的表现、部位，我们可认识疾病的寒热虚实、标本缓急及病变的原因，然人是一个整体，"有诸内者，必形诸外"，故在皮损辨证的基础上，应强调从脏腑、气血、阴阳失调诸方面加以探讨，并且强调内因和外因的互相影响关系。内外兼治，这是中医的优势。在皮肤病的护理上，强调天人合一，内外兼护，促进疾病的恢复。

二、经典医案

1. 银屑病

医案 陶某，女，32岁，2011年6月11日初诊。主诉：全身泛发红斑鳞屑1月余。

病史：自诉1个月前因感冒，扁桃体发炎后，面部开始出现红斑。在某大医院诊断为"湿疹"，予以激素治疗后好转。可随后躯干出现斑疹，并逐渐蔓延至全身，继续求治但治疗效果均不佳。现全身泛发红斑，鳞屑，略灼热瘙痒，口干，夜寐欠安。

专科检查：躯干，四肢泛见圆形、椭圆形红斑，上覆糠秕状鳞屑，呈地图形，病理检查显示符合银屑病改变。

西医诊断：寻常型银屑病进行期。

中医诊断：白疕。

辨证：血热内蕴证。

治法：清热凉血，解毒消斑。

方药：消风散加减。黄芩12g，车前草15g，金银花30g，白鲜皮15g，地肤子15g，石膏30g，通草6g，车前子15g，蕲蛇9g，茯苓15g，苍术15g，白术15g，米仁30g，红枣20g，板蓝根15g，夜交藤10g。共7剂，水煎服，日1剂。配合汽疗方中药熏蒸（汽疗方：苦参9g，紫草15g，玫瑰花10g，炒槐米15g，鸡血藤30g，丹皮12g，白鲜皮15g，水牛角片30g，侧柏炭 20g）。

2011 年 6 月 18 日二诊。皮疹无明显变化，自觉痒，夜寐欠安，精神紧张，情绪易激动，纳可，小便调。鲁老查看病人后给患者做思想工作，疏导情志。上方去石膏，加荆芥 10g，防风 10g，柴胡 9g，川牛膝 10g，牡丹皮 6g，茯神 15g，共 7 剂，水煎服，日 1 剂。外用卤米松软膏与青鹏软膏 1∶1 调涂。

2011 年 6 月 25 日三诊。患者皮疹由鲜红变暗红，瘙痒减轻，情绪稳定，但夜寐仍欠安，大便稀，小便调。上方加入黄芩 10g，苦参 12g，白鲜皮 15g，山药 15g，当归 15g，共 7 剂，水煎服，日 1 剂。

2011 年 7 月 2 日四诊。患者皮疹明显消退，但求愈心切，心情急躁，面颈部有少量新发红斑，痒，灼热感，余可。鲁老看了病人后，认为是风热蕴肤，治宜疏风清热止痒，上方去车前草、金银花，加入苦参 9g，金刚刺 6g，共 7 剂，水煎服，日 1 剂。

2011 年 7 月 24 五诊。全身皮疹大部分消退，微痒，心情好转，仅下肢小部分皮疹，其余留色素斑，一般情况好。上方去黄芩、苍术、米仁、白术、板蓝根，共 7 剂，水煎服，日 1 剂。

随访一年未复发。

按：银屑病相当于中医的白疕。白疕是一种以红斑、丘疹、鳞屑损害为主要表现的慢性复发性炎症性皮肤病。因刮去鳞屑可见点状出血点，如匕首刺伤皮肤之状而得名。中医文献记载有"干癣""顽癣""松皮癣""白疕风""蛇风"等别名。本病的相关记载首见于《诸病源候论·干癣候》："干癣，但有匡部，皮枯索痒，搔之白屑出是也。"清代祁坤《外科大成》首次提出了"白疕"的病名。其临床表现主要为红斑基础上覆盖多层松散的银白色鳞屑，刮去鳞屑有薄膜及露水珠样出血点，病程较长，反复发作。本病男女均可患病，发病以冬季为多，有明显的家族倾向。

鲁老认为银屑病的发生，血热是发病的主要原因，然血热的发生则与多种因素有关。如七情内伤、气机壅滞、郁久化火都可导致心火亢盛，心又主血脉，心火过旺则会导致热毒侵入营血，生风化燥，故见斑疹色红而白屑迭起；热盛伤津，则血行不畅而致瘀阻脉络，皮损斑块赤紫肥厚；热盛化火，壅灼络脉，导致肌肤泛红变成红皮病型银屑病；热毒与湿相搏结，痹阻关节，导致关节肿痛、屈伸不利的关节病性银屑病。鲁老认为本病虽然病机千变万化，但总体不外乎"风、燥、瘀、火、毒、虚"，而上述诸证皆因血热而起，故热滞血络实为本病重点病机。治则以清热祛湿活血、凉血解毒为法。临诊中，鲁老擅用金刚刺取效，金刚刺能除风湿、活血解毒、镇惊息风。本病病程较长，反复的发热、红斑、脓疱、脱屑必定造成阴血耗伤，所以无论是静止期还是退行期都要固护阴液，以益气养阴为主，"留得一分阴液，便多一分生机"。治宜滋阴养血润燥。

根据"白疕"的临床特征，可分为寻常型和特殊型，寻常型按照病程可分为进行期、静止期、消退期，特殊型又分为脓疱型、关节型、红皮病型，以上类型可合并发生或相互转化。

据此可分为六型论治。①血热内蕴证：多见于寻常型进行期。治宜清热凉血、解毒消斑。方用消风散合犀角地黄汤加减。②血虚风燥证：多见于寻常型静止期。治宜养血滋阴、润燥息风。方用当归饮子加减。③气血瘀滞证：多见于寻常型静止期或消退期。治宜活血化瘀、解毒通络。④湿毒蕴积证：多见于脓疱型银屑病。治宜清利湿热、解毒通络。方用萆薢渗湿汤合五味消毒饮加减。⑤风寒湿痹证：多见于关节型银屑病。治宜祛风除湿、散寒通络。方用独活寄生汤合桂枝芍药知母汤加减。⑥火毒炽盛证：多见于红皮病型银屑病。治宜清热泻火、凉血解毒。方用清瘟败毒饮加减。最后，在皮损恢复后期，鲁老常用六味地黄汤善后。

此患者为寻常型银屑病进行期，为血热内蕴型，由内有蕴热，复感风寒、风热之邪，阻于肌肤，蕴结不散而发，患者即为上呼吸道感染后，热毒炽盛，未得清解，蕴于血分肌肤，伤阴化燥所致，治宜清热凉血、解毒消斑。故鲁老方用黄芩、石膏、金银花、板蓝根等清热凉血解毒，用牛膝、防风等祛风消斑。古训有言："治风先治血，血行风自灭"，故加入苍术、白术、当归等活血养血以助风自灭。此类病人大多内有湿热，故用车前草、车前子、米仁等祛邪胜湿。加以白鲜皮、地肤子以止痒。汽疗方由诸多如水牛角片、紫草等清热凉血、利湿解毒之品组合而成，配合使用，倍增清热凉血解毒之功。

目前世界范围内尚无药物能根治银屑病，因其具有顽固性及复发性的特点，给病人身心带来极大的困扰并影响生活质量；再者，传统银屑病推荐药物具有较明显的副作用，而生物制剂价格较昂贵，因此需要更好地认识及治疗银屑病，使用少的经济费用达到有效地控制银屑病的目的，更重要的是需要控制银屑病不向严重类型发展而影响健康。在这些领域，中医辨证论治往往可以获得良好的疗效，即缓解症状，延缓复发时间，以至于成为中医治疗优势病种之一。

2. 掌跖脓疱病

医案 潘某，女，45 岁，2005 年 4 月 3 日初诊。主诉：掌跖部反复水疱、脓疱 2 年余，伴瘙痒、脱屑、皲裂。

病史：患者 2 年前无明显诱因掌跖部出现对称红斑，掌部皮损初发于大小鱼际，以后逐渐扩展到掌心、跖中部及内侧。鳞屑下反复出现成群新疱，伴有不同程度瘙痒。曾外用西药激素类软膏后症状有所缓解，但停药后随即又复发。患者纳可，寐安，二便调。取掌跖部皮屑、脓液做真菌镜检及培养，均报告为阴性。

专科检查：掌跖部对称性红斑，其上可见密集淡黄色针头至粟粒大小脓疱及水疱，不易破裂，脓疱干涸后结痂、脱屑。舌质红，苔薄黄，脉弦滑。

西医诊断：掌跖脓疱病。

中医诊断：涡疮。

辨证：湿热蕴积证。

治法：清热解毒，燥湿健脾。

方药：蒲公英 30g，金银花 15g，苍术 15g，厚朴 10g，陈皮 10g，茯苓 10g，猪苓 10g，薏苡仁 10g，白术 10g，生地 10g，白鲜皮 10g，米仁 30g，甘草 6g。共 7 剂，水煎服，每日 1 剂。

外洗中药处方：白矾 30g，土茯苓 30g，黄柏 15g，白花蛇舌草 15g，白鲜皮 15g，地骨皮 15g，五倍子 10g，苦参 20g，苍术 20g。将手浸泡 30～40 分钟，每日 1 次。熏洗后外涂冰黄肤乐软膏封包，每日 1 次。

2005 年 4 月 10 日二诊。患者症状有所缓解，但仍反复出现脓疱及水疱，瘙痒，继用上方 14 剂，煎服法同前。

2005 年 4 月 25 日三诊。水疱、脓疱明显减轻，皮疹颜色转暗，皮肤干燥，微痒。上方去苍术、薏苡仁，加生当归 15g，玉竹 10g，以养阴润燥，14 剂，煎服法同前。

2005 年 5 月 11 日四诊。仅见少数水疱、脓疱，以干燥、少许脱屑为主症，不痒，在三诊方的基础上加党参 20g，以益气养血，14 剂，煎服法同前。坚持治疗 2 个月疗效较好，随访半年未见复发。

按：掌跖脓疱病是一种慢性炎症性疾病，好发于掌跖，表现为局部出现对称性红斑，其上周期性发生深在无菌性小脓疱，伴黄褐色结痂、小片鳞屑、皲裂，皮肤潮红、灼热，伴有不同程度瘙痒。目前本病病因尚不明确，近年来有人提出金属致敏学说，也有学者认为是化脓菌引起的变态反应，与体内病灶感染有关,也有学者认为它是局限性脓疱性银屑病。本病类似中医的"涡疮""浸淫疮",如《医宗金鉴·疮》所言:"此证生于指掌之中,形如茱萸,两手相对而生。亦有成攒者,起黄色白脓疱,痒痛无时,破津黄汁水,时好时发,极其疲顽,由风湿客于肌腠而成。"患者或禀赋不足,脾气不振,或郁怒伤肝,横逆犯脾,或饮食不节、思虑伤脾,脾失健运,湿热毒邪内生,复感风热毒邪,内外搏结,湿热内生;脾主四肢,湿热蕴阻中焦,流溢四肢,浸淫肌肤,阻滞经络,导致气血运行不畅而致气滞血瘀;湿热久郁,从阳化火,蕴久成毒。因此,湿、瘀、热毒三邪合犯,为本病的病因病机。湿性趋下黏滞,故好发于掌跖部,缠绵难愈;血热外发则为红斑,湿热相搏热毒化腐则成水疱、脓疱;病入络,血行不畅,瘀热内阻,肌肤失养则皮肤粗糙脱屑。

此患者因脾失健运,而致湿热毒邪内生,脾主四肢,湿热蕴结,流溢四肢,浸淫肌肤,阻滞经络而发。本证属湿热蕴积证,遵照中医学"急则治其标,缓者治其本"的原则,兼顾用药,故治宜清热解毒、燥湿健脾。方中以金银花、蒲公英清热解毒;苍术、厚朴燥湿健脾;当归、生地、玉竹滋阴养血,又可防止热盛及苦寒燥湿之药耗伤阴血,以使标本兼顾;茯苓、猪苓、薏苡仁健脾利湿;陈皮行气消积;白术健脾和中;白鲜皮祛风止痒;炙甘草调和诸药。上药合用,使热清毒泄湿祛,脾胃和健,诸证乃可相应而愈。同时,鲁老多配合外用中药熏洗。因为掌跖部的角质层较厚,配合中药熏洗能加速血循环,促进组织修复,同时能软化清除角质与鳞屑,有利于药膏和药液有效成分的渗透与吸收,以提高疗效。

3. 癣

医案　王某,男,14 岁,2013 年 4 月 10 日。主诉:腹股沟红色皮疹伴瘙痒半年。

主诉:去公共泳池游泳后腹股沟两侧出现红疹伴剧痒,外搽艾洛松软膏后皮疹范围扩大。遂来就诊,诊断为股癣。用藿黄浸剂煎汤坐浴,内服消风散,病情未见好转。遂就诊于鲁老处。

专科检查:腹股沟红疹成片,延及阴囊,中央皮损呈苔藓样变,周边伴有渗出,小便黄,舌尖红。

西医诊断:股癣。

中医诊断:阴癣。

辨证:湿热下注。

治法:清热利湿,祛风止痒。

方药：龙胆泻肝汤加减。龙胆草 3g，栀子 9g，泽泻 9g，柴胡 2g，车前子 9g，黄芩 5g，生地黄 12g，生甘草 3g，黄柏 6g，地肤子 10g，7 剂。外用：青黛散，麻油调敷患处，每日 2 次。

二诊：连服 7 剂后红疹明显减退，瘙痒显著减轻，无渗出，小便清，舌淡红。继续服 5 剂，痊愈。

按：清代《外科寿世方》中的"阴癣"即"股癣"。清代《续名医类案》说："两股间湿癣，长三四寸，下至膝，发痒时爬搔，汤火俱不解，痒定黄赤水出，又痛不可耐"。其皮肤损害为钱币形红斑，边缘清楚，病灶中央常自愈，其边缘周围有丘疹、水疱、结痂、鳞屑等，生于股部者因患处温度较高，潮湿多汗，且易受摩擦故常见糜烂。在股癣的治疗上，目前西医尚无特效药，治疗时多以抗真菌药物局部治疗为主，但部分患者疗效欠佳。《外科心法》曰："癣疮……总由风热湿邪侵袭皮肤，郁久风盛，则化为虫，是以瘙痒无休。"本症多因肥胖痰湿之体，素体湿热内蕴，外感风湿热之邪，外邪诱发内邪，或接触不洁之物直接或间接传染所致。

此患者在公共泳池游泳之后得股癣，是由湿热之邪侵袭皮肤所致。如今红疹片状分布于两侧腹股沟，瘙痒伴有渗出，延及阴囊，而且舌尖红，小便黄，湿热之盛可见一斑。龙胆泻肝汤有泻肝胆实火、清下焦湿热之功效，鲁老以此方加减治之，其中黄芩、栀子具有苦寒泻火之功，配伍龙胆草，增强泻火之功。黄柏燥湿，泽泻、车前子清热利湿，使湿热从水道排除。肝主藏血，肝经有热，本易耗伤阴血，加用苦寒燥湿，再耗其阴，故用生地滋阴养血，以使标本兼顾。方用柴胡，是为引诸药入肝胆而设，加入地肤子以止痒，甘草有调和诸药之效。外用青黛散清洗调敷，以清热解毒、消肿止痛、收湿止痒，是为急性发作时而设。

4.丹毒

医案　潘某，男，48 岁，2013 年 1 月 14 日初诊。主诉：右小腿胫前红肿疼痛 3 天。

现病史：患者于 3 天前无明显诱因出现右小腿胫前红肿疼痛，恶寒发热，大便秘结不出，某院诊断为"丹毒"，予以静脉滴注抗生素后局部皮肤红肿稍有消退。昨日病情反复，右小腿胫前红肿颜色加深，触痛明显，伴发热，烦躁，遂来就诊。

专科检查：体温为 38.4℃，脉搏为 88 次／分，血压为 118/85mmHg。右小腿胫前约有 15cm×10cm 大小的水肿性皮肤红肿，色鲜红，边界清楚，伴少量瘀点、瘀斑，表面紧张光亮，摸之灼手，触痛明显，压之皮肤红色减退，放手后立即恢复。实验室检查：白细胞计数为 $15.6 \times 10^9/L$，中性粒细胞为 82%，淋巴细胞为 18%。舌质红，苔黄腻，脉滑数。

西医诊断：急性丹毒。

中医诊断：腿游风。

辨证：湿热毒蕴证。

治法：清热利湿，凉血解毒。

方药：方选皮灵 1 号加减。地肤子 30g，白鲜皮 30g，丹皮 15g，黄芩 12g，石膏（先煎）30g，车前草 15g，金银花 30g，通草 9g，紫花地丁 15g，茯苓皮 15g，茯苓 15g，赤芍 15g，七叶一枝花 9g，甘草 9g。7 剂。外用清凉膏调敷，每日 2 次。嘱卧床休息，抬高患肢 30°，多饮水，清淡饮食。

2013 年 1 月 21 日二诊。服上方 7 剂后肿痛大减，右下肢局部红肿明显减退，颜色转暗红及棕黄色，表面部分脱屑，体温逐渐恢复正常。白细胞计数为 $9.7 \times 10^9/L$。原方去紫花地丁，石膏，加炒米仁 30g，阳春砂 6g 健脾和胃。外治同前。

2013 年 1 月 28 日三诊。服上方 7 剂后，症状消失，停止外敷药，守方 7 剂，痊愈。

按：丹毒是一种皮肤突然发红成片，色如涂丹的急性感染性疾病。西医亦称为丹毒，认为是一种累及皮肤深部组织的急性网状淋巴管炎。发病前多有皮肤或黏膜破损史，外感毒热之邪由皮肤损伤口侵入人体。丹毒起病突然，发无定处，以小腿、足背、颜面部多见，局部皮肤忽然变红肿胀，色如丹涂脂染，边界清晰，表面紧张发亮，迅速向周围扩大，摸之灼手，有触痛感。初起常有恶寒发热、头痛、纳差、便秘溲赤等全身症状，继而出现局部皮肤水肿性红斑，经 5～6 天消退，可留有轻度色素沉着及脱屑。多发于成年人，以炎夏暑湿季节为多见，一般的抗感染治疗不易短期内治愈，预后良好，但易复发。

《医宗金鉴·外科心法要诀》曰："诸丹总属心火、三焦风邪而成。"治疗上主张"清其内以绝其源"，以清热利湿、凉血解毒为大法。发于头面部者，多夹风热，发于下肢、足部者，多夹湿热。病久者，可酌加活血祛瘀之品。常用药物有金银花、野菊花、紫花地丁、地肤子、白鲜皮、黄芩、石膏、丹皮、赤芍、车前草、通草等。血虚者可酌加当归、生地、熟地、白芍；湿热者加黄芩、黄柏；湿邪偏重者加车前子、车前草、防己、泽泻等。

此患者为中年男性，丹毒急性发作，有迅速扩大之势，患者下肢皮肤色鲜红，肿胀灼热，伴发热、烦躁、舌红、苔黄腻、脉滑数。辨证为丹毒之湿热毒蕴证，治当清热利湿，凉血解毒。方中地肤子配白鲜皮，则祛风除湿兼解表止痒，金银花、紫花地丁、七叶一枝花清热解毒，辅以石膏增强清热之功，黄芩燥湿解毒，茯苓、茯苓皮、车前草利水消肿，配通草通窍利水，加强祛湿之效，使邪有出路，丹皮、赤芍凉血散瘀，甘草调和诸药。待火热之毒消减，可去紫花地丁、石膏，加炒米仁、阳春砂健脾和胃，正合鲁老"外科用药也要顾护中州"的治则。

丹毒的治疗除西医静脉滴注抗生素结合中医辨证论治外，还需注意结合外治方法，局部皮肤外敷清热凉血之品，本案以清凉膏外敷，以凉血清热解毒；在患者接受的情况下，下肢部位的丹毒还可辅以梅花针点刺出血的方法。操作时根据患处皮肤颜色、厚薄，消毒后用梅花针从水肿性红斑的边缘开始，轻轻扣刺，适度出血，达到渗血如珠的状态即可，从而达到疏通经络、助气血运行的目的。

以上几案，鲁老临床治疗中均是内外同治，不仅以内法治疾病之本，更兼外治缓疾病之标，内外兼治，大大减轻患者的痛楚，缩短患者的病程，为我辈皮肤科医师临床治疗皮肤疾病树立了良好的榜样。

三、经典外治验方

1. 清凉膏
【组成】全当归 30g，紫草 15g，大黄 30g，黄蜡、麻油适量熬膏制成。
【功用】凉血清热解毒。
【主治】烫火伤、疔、疖、痔。

2. 三黄膏
【组成】大黄、黄芩、黄柏等量共同研磨，凡士林调匀。
【功用】消肿止痛。
【主治】疔、痈、疖、热毒。

3. 黄连膏
【组成】黄连 30g，大黄 15g，黄芩 15g，黄柏 15g 共同研磨，凡士林调匀。
【功用】消肿解毒。
【主治】疔毒痈肿。

4. 九香膏

【组成】香白芷 15g，白蔹 15g，山葵 15g，白及 15g，甘松 15g，乳香 15g，没药 15g，炒焦蝉衣 15g，辰砂 15g，冰片 15g，麝香 15g。

【功用】温经散寒、行气活血通络。

【主治】无头疽等坚硬皮色不变者。

5. 白灵丹

【组成】煅石膏、黄升丹按 8 ∶ 1 配伍研制。

【功用】拔毒祛腐。

【主治】溃疡后脓腐较少者。

6. 红灵丹

【组成】红升及凡士林调和研制。

【功用】提脓拔毒。

【主治】溃疡后脓腐较多者。

7. 大迎丹

【组成】煅石膏、白大升、赤丹按 8 ∶ 1 ∶ 8 配伍研制。

【功用】祛腐生肌敛疮。

【主治】溃疡后期创面难以愈合者。

8. 甘脂散（膏）

【组成】煅石膏 15g，飞滑石 15g，制甘石 15g，赤石脂 30g，用凡士林调匀为膏。

【功用】燥湿止痒。

【功用】湿疹、浸淫疮、皮肤瘙痒出水。

9. 赤霞膏

【组成】清凉膏 30g，红升 10g 调匀。

【功用】拔瘘祛腐消炎长肉。

【主治】肿疡溃烂。

第五节　审时度势，融合三法

一、疡症内治，消托补

鲁老治疗疮疡是宗《医宗金鉴·外科心法要诀》之法，抓住疮疡中的发病机制"痈疽原是火毒生，经络阻隔气血凝，外因六淫八风干，内因六欲共七情，饮食起居不内外，负挑跌扑损身形，膏粱之变营卫过，藜藿之亏气血穷"。同样将疮疡分为早、中、晚三期，运用明代陈实功《外科正宗》创立消、托、补三法治疗，临床疗效显著。但具体又因人而异，圆机变通。

鲁老运用三法治疗疮疡的思想主要继承于余步卿老先生，主要运用外用药方。现保留了许多疮疡外用药的单方、验方及制备经验。对疮疡早期的清化、消散，中期的托毒、透脓，晚期的祛腐、生肌用来均得心应手。

二、疡症初起，以消为法

消法，在《外科启玄·明内消法论》中讲："消者灭也，灭其形症也。经云，诸痛痒疮疡皆属心火，火者离卦也，离者外阳而内阴，内阴壅滞，必然外攻，治当内消，使绝其源而清其内，不令外发，故云内消。乃初起微觉之时，即以汤液内用黄连大黄芒硝甘草节类疏其源，绝其毒也。如形症已成，不可此法也。"可知消法用于疮疡早期。鲁老认为疡证初起，以消为法，疮疡用消法，当根据不同病情，采用不同的方法，使之消散于无形。疮疡初起乘邪势未猖獗之时，施用不同的治疗方法，或用疏透解表，或用活血散结，或用行气解郁，或用清热解毒。然先生又清解为首选，不可一味寒凉，苦寒直接克土折津，难解其证。比如用瓜蒌牛蒡汤治乳痈，蝎槟导滞汤治流火，疏解和营汤治骨疽等都是早期消散法的具体应用。

三、消之不应，托毒外出

余老及鲁老认为，如果消之不应，当托之外透，移深居浅，防止脓毒旁窜内陷生变。不可一味内消，以免延误病情。他曾说："脑疽一症，十有八九不能消散，只有促其早日溃脓，收束根脚，方为良策。"并说："托法并非可畏，而是治疗外疡中的重要一法。"托法又分透托和补托，视其虚实而定，不可大寒重补。寒过则水凝不解，补甚则闭门留寇。若遇体弱年迈，中气虚馁，气血不足者，应在清解剂中佐入透托之品，使毒邪移深居浅，根束盘清，促其脓毒早泄，免致脓毒内陷恶变；邪盛正不虚者用透脓散；正虚毒盛者用托里消毒散，纯属阴疽的则用神功内托散。

四、慎用补法，清补为宜

至于补法，余步卿老先生及鲁老认为一般疾病不必用补法，只有在肿消痛止，疮口巨大，新肌不生者方宜进补；或见疮色不泽，腐肉难脱，伴有肢倦纳钝者亦可言补。鲁老说："邪势退舍，症势渐平，法当补养气血，助长新肌。"调气血，资化源为要。一般多用气血双补，促进血运；或补益脾胃，以资化源。但疮疡用补，适宜平补、清补、小补，一般不宜温补、大补、峻补。鲁老用补大都以清补为主，以温补为辅。或者进食血肉有情之品，增加营养，促使疮口早日敛合。鲁老认为，用补不一定是在疮疡溃后，早、中期均可运用。如疮疡初起气血羸弱，或年老体衰者用补以扶正祛邪；酿脓期而无力蒸化者用补以鼎助透托。所用补药常为四物参芪之品。

五、经典医案

医案1 周某，男，27岁，2013年6月13日初诊。主诉：骶骨部位红肿溃烂半月余。

病史：患者2年前因搬运重物不小心砸伤下肢，导致下肢瘫痪不能动弹，长期卧床，近半个月来骶骨部皮肤起红斑，随后红斑变为紫暗、肿胀，局部有溃烂，伴有便秘。经当地医院救治后症状不见好转，遂转来鲁老处就诊。

专科检查：体温为37.2℃，面红身热；在骶骨部有一手掌大小溃疡面，边缘紫暗，伴有水肿，创口可见黄色分泌物；舌红苔黄腻，脉数。血常规：WBC为15×10^9/L，中性粒细胞0.82。

西医诊断：压疮。

中医诊断：席疮。

辨证：气滞血瘀，肌肤失养。

治法：活血通络，清热通腑，养血润肤。

方药：皮灵2号加减。当归15g，白芍15g，白蒺藜15g，黄芪15g，钩藤18g，鸡血藤30g，毛冬青30g，络石藤30g，忍冬藤18g，首乌藤30g，大黄（后下）10g，生甘草10g，水煎服。7剂。

外用：创口用201消炎水，方药组成：土银花1000g，千里光2000g，青黛1000g，紫花地丁1000g，甘草1000g，荆芥500g，防风500g。加水30升，煎液10L，装瓶备用。创面清洗干净后，敷黄灵丹（五倍子12g，黄丹12g，清粉 6g，僵蚕 9g，地龙 9g，黄柏 12g），以上药研细末，和匀备用。

用法：以药末少许撒敷患处，再用 201 消炎水湿敷，每天 2～3 次。

二诊：服药 7 剂及外治法后体温降低，身热不甚，大便通畅；创面分泌物减少，边缘红肿消退，疼痛减轻；舌质淡红，脉弦数。上方加托毒生肌之药。

方药：生黄芪 30g，络石藤 30g，生甘草 6g，忍冬藤 18g，毛冬青 30g，威灵仙 18g，首乌藤 30g，丹参 18g，钩藤 18g，水煎服。外用：创口用 201 消炎水洗净后敷少许黄灵丹再外敷拔毒膏（地龙末、金黄散各 30g）。先以凡士林煎熔再将药末逐渐放入，调匀做成膏。用消毒的绷带包扎，每天换药 1 次，连续使用 1 周。

三诊：连续服药 1 周加外洗治疗后，局部溃疡面缩小，肉芽生长良好，其他症状消失。

内服处方同上。继续用 201 消炎水清洗创面，外敷生肌膏（地龙 90g，象皮 90g，龙骨 90g，冰片 3g，血竭 12g，乳香 15g，没药 15g，凡士林 700g。研末调成膏备用），消毒过的敷料包扎创口，每天坚持换 1 次药，多翻身避免溃疡加重。继续治疗 2 周，压疮痊愈。

小结：压疮乃是身体久卧床上而生，多见于因病长期卧床或瘫痪的病人，受压迫以及摩擦的部位为好发的位置，如背部、臀部、足跟等处。西医认为，由于长期卧床，骨突部位受压后，局部的皮肤发红，可形成坏死。如果继续压迫，坏死部位的范围会逐渐扩大深入，甚至累及皮下组组织、肌肉、骨骼。因为整体与局部的免疫力降低，溃疡面极易被感染，以致化脓，腐烂坏死，严重的话可以引起急性骨髓炎或败血症。

此案患者为长期卧床导致气滞血瘀，兼有阳明腑实证，治疗宜活血通络，清热通腑，养血润肤。方药以皮灵 2 号为主，功能活血养血，通络消肿止痛。初诊以大黄通腑泄热，大便通后配伍生黄芪、丹参活血托毒生肌，其实是消法与托法并用。外用 201 消炎水祛腐排脓，同时又用黄灵丹祛腐生肌。

医案 2 梁某，男，33 岁，2013 年 6 月 21 日初诊。主诉：肩胛、脊柱、髋骨糜烂数年。

病史：患者前晚淋雨不慎从高处坠落昏迷不醒，伴有高热（41℃），二便失禁。因长期卧床，肩胛处、脊柱处及髋骨处发生面积较大的压疮，家人背其来鲁老处就诊。

专科检查：患者神志不清，卧床不起，体温在 39～41℃，已近 3 周，伴随下肢抽搐。两侧肩胛处各有一 15cm×15cm 大小的溃疡面，第

3～5颈椎范围内有一9cm×8cm大小的溃疡面，两侧髋关节外侧各有一10cm×15cm的溃疡面。创面皮色紫暗，有坏死组织和黑褐色比较稀薄的分泌物，有恶臭味，创面边缘有坏死组织，病情呈加重趋势。舌苔黄白厚腻，舌质红，脉洪大。

西医诊断：压疮。

中医诊断：席疮。

辨证：热毒入营，逆传心包。

治法：凉血解毒，扶正内托。

方药：丹参15g，丹皮15g，蒲公英9g，天花粉12g，金银花9g，生地15g，生黄芪12g，赤芍12g，白芍12g，炒穿山甲30g，炒皂角刺12g，乳香9g，没药15g，生甘草6g。7剂，水煎服。外用：紫草、甘草研末麻油调敷成膏，搽于创面。内服外用连续治疗2周。

二诊：患者体温下降至38℃，神志仍不清楚，溃疡面的坏死组织与正常皮肤已经有明显界限了，部分坏死组织呈脱落现象，分泌物减少，少数区域有新生的肉芽。脉弦滑，舌苔白微黄腻，舌质红。治疗宜扶正气、解毒生肌、清心醒脑安神。方药：生黄芪30g，赤芍15g，白芍12g，当归12g，蒲公英6g，浙贝母15g，穿山甲20g，皂角刺15g，茯苓12g，陈皮9g，石菖蒲12g。外用方同上。继续处理1个月。

三诊：患者神志清晰，能正常回答问题。胃纳佳，溃疡面的坏死组织均脱落，新生肉芽良好，创面边缘出现新生皮肤。目前只伴有口渴、盗汗、自汗、全身乏力、脉细缓、舌苔白腻、舌质淡。治疗应养血益气、固表止汗、健脾生肌。方药：炙黄芪15g，党参12g，白芍12g，冬虫夏草9g，桑椹9g，山药15g，茯苓9g，鸡血藤30g，泽泻12g，麻黄根9g，浮小麦15g，炙甘草6g。外用：甘草油清洁创面后外敷甘草归蜡膏。连续治疗6周，痊愈。

小结： 压疮在中医上多采用内外兼治的疗法，内服扶正托里生肌，活血解毒，外治宜化腐生肌，促使坏死组织尽早脱落，促进新生肉芽的生长。这样治疗的目的是可以减少对正常组织的损伤，愈合后不会留有大的瘢痕组织，又能减少合并症。此外，这种治疗方法对一些皮肤上的深部的化脓性疾病如痈、蜂窝织炎、下肢顽固性溃疡等也有好的效果。

此案由于患者长期卧床，神志不清，身体非常虚弱，致使皮肤多有压疮，坏死组织吸收毒素导致中毒现象严重，高热持续几周不退。在此种情况下，当属热毒入营，耗伤正气，毒邪不得外托，逆传心包，故大剂量使用凉血解毒、扶正内托之品。丹参、丹皮、蒲公英、天花粉凉血解毒；金银花、生地黄加强清热解毒的作用。再以生黄芪、赤芍、白芍扶正益气，助穿山甲、皂角刺内托，如此治疗后使持续高热的体温有所降低，二诊时，患者体温为38℃，溃疡面与正常皮肤界限已经分清，部分已脱落，但是患者仍神志不清，正气尚未完全恢复，毒邪仍盛，故在前方基础上改用皂角刺炭、穿山甲炭，既可托毒外出，又可避免正气损伤，用此法连续治疗数周后神志日渐清醒，创面清洁，有良好的新生肉芽，三诊时补气养血活血，健脾生肌，至此本病痊愈。在外治方面，本案可用化腐生肌法。此法是使用一些有刺激性和腐蚀性的药物不断促进坏死组织溶解、脱落，通过这种途径来相应地刺激新生肉芽组织生长。

第六节　久痹必虚，肝肾论治

痹证系筋骨、关节等部位发生疼痛、重着、麻木、屈伸不利甚至关节肿大变形的病症。现代医学之类风湿关节炎、风湿性关节炎、退行性骨关节炎均属"痹症"范畴。《素问·痹论》云："风寒湿三气杂至，合而为痹。"宋代严用和云："皆因体虚，腠理空疏，受风寒湿气而成痹也。"鲁老认为，痹证发病，本虚标实。正气不足，风寒湿邪侵袭人体，闭阻经络，气血运行不畅。且大多痹症病程日久，久病必瘀，久病必虚。故辨证当抓住"风、寒、湿、瘀、虚"五点。又肝主筋，肾主骨，筋骨之病，当从肝肾论治。故虚多为肝肾之不足。治之当补益肝肾、祛风除湿、活血化瘀、通络止痛。鲁老的痹证系列方，用防风与防己药对祛风湿、止痹痛，牛膝与木瓜药对补肝肾、壮筋骨，加延胡索、赤芍活血化瘀，蕲蛇搜风通络，药达病所，再辨之肝肾之气、阴、阳不足，选用平补肝肾、滋补肝肾及温补肝肾之品。以此为则，辨清标本主次，灵活加减，屡屡用之，见效颇丰。

一、类风湿关节炎

类风湿关节炎是一种以慢性、对称性累及周围关节为主的全身性自身免疫性疾病。临床表现为受累关节疼痛、肿胀、功能障碍。本病是一种多发病、常见病，具有慢性、反复发作、致残率高的特点。约10%的病人在 5～10 年出现关节畸形、强直和功能受损。

类风湿关节炎属于痹证的范畴。据《金匮要略·中风历节病脉证并治》"少阴脉浮而弱，弱则血不足，浮则为风，风血相搏，即疼痛如掣"可见，气血不足是痹证的主要病因之一。宋代严用和言："皆因体虚，腠理空疏，受风寒湿气而成痹也。"明代龚信曰："盖由元精内虚，而为风寒湿三气所袭，不能随时疏散，流注经络，入而为痹。"鲁老认为痹证的发病，气血虚弱、肝肾不足是内因，是本。气血虚弱则腠理不密，易受外邪侵犯；风寒湿三邪合而侵犯机体，而致经络气机阻滞、气血运行不畅是外因，是标。本病辨证的关键在于风、寒、湿、瘀、虚五点。

在治疗上，老师临证几十年，治疗类风湿关节炎可谓独辟蹊径，其遣方用药总的原则可归纳为以下几点：①温阳通痹：痹本阴邪，非温不通，非温不化。临床上较常用的代表方基本上为温阳通痹之方，如寒凝者仿阳和汤，气虚血瘀者仿补阳还五汤，气滞血瘀者仿活络效应丹，肝肾亏损者仿独活寄生汤，气血两亏者仿人参养荣汤，湿重者加龙胆泻肝汤，下肢者加三妙丸，上肢者加补益蠲痹汤。②不通则痛，不荣则痛：大多数病人的关节疼痛为气滞血瘀、气血亏虚或肝肾不足而致。故治疗上宜通补兼施。临床上常用黄芪、党参、丹参、牛膝、杜仲、川断、赤芍、白芍等益气活血、补益肝肾之品，常可奏效。③脾胃为后天之本，生化之源：治疗类风湿关节炎，鲁老以不损伤脾胃为必备条件。反复强调，宁可罔效，不得伤脾。在治疗类风湿关节炎的通痹方中一般都有白术、玉竹、茯苓、党参等健脾益胃之品。④重视保护患者的关节功能：在通痹方中一般都有虫类药和舒经活络药如地龙、伸筋草、丝瓜络、地鳖虫、五加皮等。一般尽量不做关节置换，其置换的指征为年龄＞60岁、关节功能丧失，疼痛不能忍受、体重＜85kg。

随症加减中，凡风邪盛者，可重用麻黄、桂枝、防风、羌活、独活等温药祛风通痹；寒邪盛者，可重用川乌、草乌、干姜、花椒、胡椒等温药温阳通痹；湿邪盛者，可重用苍术、厚朴、细辛等温药除湿通痹；痰凝甚者，可重用半夏、天南星、白芥子等温药化痰通痹；血瘀甚者，可重用姜黄、牛膝、川芎、乳香、没药、莪术、红花等温药活血通痹；气血亏虚者，可重用黄芪、党参、熟地、制首乌、当归等温药补益通痹；肝肾亏虚者，可重用淫羊藿、续断、桑寄生、胡芦巴、狗脊等温药扶正通痹。

医案 1 患者，女，50 岁，2014 年 11 月来诊。主诉：反复双手腕关节肿胀疼痛伴握力减退 3 年。

病史：患者多方求医未得明显好转，近来天气转冷而诸症加重，伴有

浙江中医临床名家·鲁贤昌

晨僵、畏寒肢冷、眩晕耳鸣、腰膝酸软。

查体：双手微挛缩畸形，腕关节肿胀、压痛，局部关节皮肤不红无触烫，舌淡苔薄，脉细。

辅助检查：双腕关节正侧位片示骨质疏松、关节间隙模糊、骨小囊形成。

西医诊断：类风湿关节炎。

中医诊断：痹证。

辨证：肾虚寒凝证。

治法：治拟补益肝肾、温阳通痹。

方药：蕲蛇 6g，牛膝 15g，防风 12g，防己 12g，木瓜 12g，续断 12g，狗脊 12g，天麻 9g，杜仲 12g，黄芪 15g，地龙 9g，桑寄生 12g，羌活 12g，生熟地各 15g，党参、茯苓各 15g，红枣、米仁各 30g。每日 1 剂，水煎温服，早晚 2 次饭后服，同时服用柳氮磺吡啶片 0.5g，每日 2 次。

复诊：3 周后即见患者诸关节酸楚疼痛明显改善，畏寒肢冷、眩晕耳鸣、腰膝酸软麻木诸症也均减轻，握力恢复，6 周复查血沉示数值下降，宗原方加减共服药 10 月，近期随访疗效满意。

按： 患者年近半百，加之病程迁延已久，正气已然虚损于内，气血有所耗伤，久病及肾，阴阳互损，故有眩晕耳鸣、腰膝酸软等肾虚表现；又因风寒之邪侵袭，阻滞经络，致使气血运行不畅，筋脉失养，故见关节肿胀不利、晨僵肢冷。舌淡苔薄脉细，乃气血不足、内有寒凝之象。此为邪盛正虚，法当扶正祛邪，诊为肾虚寒凝证，治拟补益肝肾、温阳通痹，处以牛膝、防风、防己、木瓜、蕲蛇为祛风除湿之痹证主方。寒凝较盛，以黄芪、地龙温通气血；风寒阻滞，以续断、狗脊、天麻祛风湿、强筋骨；肝肾亏损，以杜仲、桑寄生补益肝肾；患者病位主要在上肢，以羌活载药力上行；另以生熟地、党参、茯苓、红枣、米仁补益气血，调理脾胃。

医案 2 患者，女，45 岁，2012 年 7 月初诊。主诉：双下肢关节红肿疼痛 1 年余。

病史：1 年前患者在无明显诱因下出现双下肢关节红肿疼痛，关节屈伸不利，疼痛夜间较明显，遂至当地医院就诊，查血沉为 64mm/h，抗环瓜氨酸（CCP）＞200mg/L，RF 升高，诊为"类风湿性关节炎"，使用消炎镇痛药后虽然红肿逐渐消退但移时复发，近一月来关节肿痛再发，并逐渐加重，活动困难，伴有脘痞、乏力等不适。

查体：双下肢浮肿，双膝、踝关节红肿，压痛。

辅助检查：血沉为 70mm/h，ANA 均为阴性，CCP 为 154mg/L，RF 为 458U/L。

西医诊断：类风湿关节炎。

中医诊断：痹证。

辨证：脾气亏虚证。

治法：祛风除湿，温阳益气通络。

处方：牛膝 15g，防风 15g，赤芍 15g，木瓜 15g，蕲蛇 9g，白芍 15g，延胡索 15g，片姜黄 15g，苍术 15g，白术 15g，地龙 15g，黄芪 15g，玫瑰花 10g，太子参 15g，米仁 30g，红枣 30g，伸筋草 15g，淫羊藿 10g，柴胡 12g，炙黄芪 15g。14 帖，每日 1 剂，水煎温服，早晚 2 次饭后服。

复诊：2 周复诊 1 次，根据症状原方加减，用药 2 月后关节红肿疼痛完全消失，患者有腰膝酸软，五心烦热，夜间盗汗等阴虚症状，方用：太子参 15g，麦冬 12g，熟地 30g，山萸肉 12g，山药 30g，制玉竹 20g，制黄精 20g，女贞子 12g，小胡麻 12g，桑椹 12g，旱莲草 12g，绵茵陈 15g，红枣 20g，海风藤 15g，海桐皮 15g，青风藤 12g，钻地风 12g，鸟不宿 12g，14 剂以善后。

按：风为百病之长，具有开发腠理和很强的穿透能力；寒借风力内攻，收引凝聚；湿邪则借风邪内侵；同时风邪又借湿邪黏着、胶固之性，造成经络壅塞，气血运行不畅，则筋脉失养，绌急而痛。温散、温通之品正好能迫使风寒湿三邪从肌腠而出，可使瘀血得通、血运得畅。同时，先天禀赋薄弱，正气不足，后天脾胃虚弱，营养不良，均使人体易受外邪侵犯。痹症日久，又使气血耗伤，肝肾亏虚，筋骨不濡。如此，则正气愈亏。正气愈亏，则愈易复感风寒湿邪，使痹证愈甚。温补之品正好起到益气血、强肝肾之效。所以鲁老治疗类风湿关节炎，始终不离"非温不化、非温不通、非温不补、非温不止"的原则。

二、强直性脊柱炎

强直性脊柱炎是一种以脊柱病变为主，累及全身的慢性进行性疾病。本病主要累及脊柱，尤其是腰椎和骶髂关节，常表现为腰背部疼痛不适，由单侧逐渐发展到双侧。患者常感觉到臀深部作痛，亦有表现为坐骨神经疼痛者。强直性脊柱炎属于痹证的"骨痹""肾痹"的范畴，因其病程缠绵，又称顽痹。

关于本病内因，《素问·生气通天论》中说："阳气者，精则养神，柔则养筋，开阖不得，寒气从之，乃生大偻。"《诸病源候论·背偻候》中讲："肝主筋而藏血，血为阴，气为阳，阳气精则养神，柔则养筋……若虚则受风，风寒搏于脊膂之筋，冷则挛急，故令背偻。"《素问·脉要精微论》云："腰者，肾之府，转摇不能，肾将惫也。"程氏在《医学心悟》中论腰痛亦云："肾虚，其本也。"故本病的内因关键在于机体正气不足，而外因关键在于风寒湿等邪，隋代巢元方在《诸病源候论·风湿痹》中提及："风湿痹病之状，或皮肤顽厚，或肌肉酸痛。风寒湿三气杂至，合而成痹……久不瘥，入于经络，搏于阳经，亦变令身体手足不随。"而本病在疾病发展中，往往会形成虚实夹杂的复杂证候。

因此，鲁老认为，本病的病因病机关键在于机体正气不足，风寒湿邪侵袭，经络闭阻，气血不畅，且久痹必虚，久病必伤肝肾。因此在治疗上强调益气，补肝肾，强筋骨。具体可通过调补振奋中焦脾胃之阳气以化生气血，补下焦肾之元气来补正气，增强人体抵抗力。因此，在治疗上强调温通，常用温补之品，祛除风寒湿瘀邪，补益肝肾。经过临床40余年的探索，鲁老精心搜集治疗痹证良方，各取所长，自创痹证一号、痹证二号、痹证三号系列经验方。痹证一号偏于平补肝肾，痹证二号偏于阳虚，痹证三号偏于阴虚。此外尚需根据患者个体差异进行辨证选方。此外，风邪胜者加防风、麻黄祛风散寒；当归、葛根活血通络，解肌止痛，并有治风先治血，血行风自灭之意。疼痛剧烈者加用白芍、细辛散寒缓急止痛。湿重者加薏苡仁、苍术、白术健脾除湿。颈部活动不利者加用荆芥、葛根。酸痛、活动不利上肢为主者加羌活、威灵仙、姜黄祛风通络止痛。偏于腰背酸痛不适者加独活、杜仲、续断补益肝肾、强腰膝。

医案一 华某，男，20岁，2007年9月23日初诊。主诉：腰背酸痛1年余，加重1个月。

现病史：1年前患者自觉腰背不适，但未予以重视。近1个月来疼痛加重，伴行走不利，头颈活动不利，就诊前未治疗。体瘦，易出汗，微怕冷，乏力，舌淡红苔薄白，脉弦细。

查体：右腿菲—巴氏征（+）。

辅助检查：血HLA-B27（+）；CT检查示腰椎生理曲度变直，双侧骶髂关节间隙变狭窄。

西医诊断：强直性脊柱炎。

中医诊断：痹证。

辨证：肝肾亏虚证。

治法：补益肝肾，温阳通痹。

方药：痹证三号加用桑寄生、狗脊、黄芪、地龙、党参各15g，淫羊藿10g，红花6g等。

并嘱患者平时加强功能锻炼，避免感冒。

复诊：治疗半个月后症状有所好转，疼痛减轻，原方去红花，加杜仲、枸杞，继续治疗1个月，疼痛明显缓解，头颈活动如前。

继用原方治疗1年后，病情稳定，无不适，复查骶髂关节CT示关节融合情况未加重。

按：本例患者有下肢行走不利症状，辨证分析为肝肾亏虚证，治以补益肝肾、温阳通痹，以自创痹证三号加减治之。方用：白花蛇、木瓜、全蝎、桑寄生、狗脊、黄芪、地龙、党参、淫羊藿、红花。方中白花蛇温补肝肾、通络；全蝎祛风湿、通经络、止痹痛；木瓜舒筋活络；全蝎、狗脊补肝肾、强筋骨；桑寄生益肝肾、祛风湿；黄芪、党参补气；地龙通经活络；红花活血行血，仙灵脾祛风除湿。全方共奏补益肝肾、益气通络止痛之效。

医案二 患者，男，27岁，2015年3月初诊。主诉：腰酸背疼3年余。

病史：患者近3年自觉腰背部皮肤疼痛，渐渐出现背部不能伸直，自觉背部冷痛，腰膝酸软，与气候变化相关，阴雨天加重，舌暗，苔薄，脉弦。

辅助检查：血HLA-B$_{27}$（＋），ESR、CRP均正常。

西医诊断：强直性脊柱炎。

中医诊断：痹证。

辨证：气虚血瘀证。

治法：祛风益气、活血化瘀。

方药：牛膝6g，防风6g，赤芍6g，制黄精10g，木瓜6g，蕲蛇3g，白芍6g，延胡索6g，红枣15g，黄芪15g，地龙3g，米仁30g，伸筋草15g，生玉竹15g，枸杞子15g，熟地15g，焦山栀6g，荆芥15g，葛根15g，淫羊藿15g，14剂，每日1剂，水煎服。

复诊：腰背疼痛减轻，腰背僵直程度也渐渐改善，但仍有晨僵等症状，故用药上以前方加炒续断30g，丹参15g。再进14剂。用药2周后，腰背僵直减轻，活动较前便利，再服14剂以善后。

按：强直性脊柱炎的诊治，关键是早期诊断、早期治疗。但凡30岁以下的青少年男性（有时甚至包括青少年女性）有不明原因的持续的腰骶部和臀部疼痛者，非常具有罹患本病的可能性，必须提高警惕。一旦病情发展到骨质破坏，关节强直、畸形，就很难逆转了。中医中药在治疗强直性脊柱炎上有着明显的优势，但是要坚持长期治疗。在治疗上，抓住强直性脊柱炎肝肾亏损、督脉空虚的病理特点，重在补益肝肾，同时兼顾祛风胜湿、活血行气，疗效卓著。同时应当重视非药物性因素在预防和治疗强直性脊柱炎中的作用。强直性脊柱炎患者，首先，要注意保暖，忌寒冷潮湿，冷水作业会加重病情。其次，尽可能地改善居住环境。居室阴暗、潮湿、拥挤、不洁等不良环境都可诱发强直性脊柱炎的发生和进展。保持室内暖和、干燥、通风透气是预防和保健的重要条件。避免风吹雨淋，日常生活中保持正确的坐、立、行姿势，以防止疾病造成的畸形。以上都是配合中医中药治疗本病的有效方法。

三、痛风

痛风属于痹证，是一种嘌呤代谢紊乱疾病，主要由尿酸堆积所导致，临床多表现为早期出现反复发作的关节红肿热痛、痛风石沉积、明显的关节变性等症，后期常累及肾，且有一定的遗传相关性。从中医角度分析，饮食中动物类食品，即膏粱厚味、醇酒浊乳的增多，足以呆滞脾胃，使运化失司，导致浊毒留积关节，此聚集导致经络不通，甚至积而生热，此类病邪重浊有形，性易趋下，静滞难动，祛除不易，故病多发于下肢，多累及肾，《素问·生气通天论》言："膏粱之变，足生大疔"。清代叶天士谓："湿热入络而为痹者。"鲁老认为痛风虽表现出一派红肿热痛的风湿热痹实证，但大凡痛风者，盖以形体肥胖，素食肥甘厚味者为主。痛风好发于中老年人。而中老年人的生理特点即是肾气虚衰，肾精不足。《素问·痹论》云："病久而不去者，内舍于其合也。"痛风日久，终将累及肾。肝肾互为母子，清代唐容川在《血证论》中言："木之性主疏泄，食气入胃，全赖木气以疏泄之。"可见肝虚不能疏脾，亦是导致痛风的主要病机之一。故而鲁老在痛风的治疗中除了要清热除湿，往往会兼顾肝肾。

医案一 肖某，男，32岁，干部。主诉：患者反复右膝、踝关节红肿热痛2年，再发1周。

现病史：2年前无明显诱因下出现右踝关节红肿热痛，随即出现右膝关节红肿热痛。当时查血清尿酸为680μmol/L，西医诊断为痛风性关节炎，曾予以别嘌醇、秋水仙碱、布洛芬等治疗。用药时能改善病情，但常反复发作，疗效欠佳。

查体：右膝、踝关节红肿压痛且关节皮肤皮温增高，舌淡红，苔黄腻，脉弦数。

辅助检查：ASO 为 250U，RF（-），血清尿酸为 586μmol/L，血沉为 65mm/h；右膝、踝关节 X 线检查示关节周围软组织肿胀。

西医诊断：痛风性关节炎。

中医诊断：痹证。

辨证：风湿热痹证。

治法：治宜清热祛风、除湿通痹。

方药：痛风方加土茯苓、秦艽各 15g。每日 1 剂，早晚 2 次饭后温服，15 日为 1 个疗程。

复诊：连服 2 个疗程后，关节红肿热痛、功能活动及关节皮肤触烫均明显改善，复查血清尿酸为 379μmol/L，血沉为 23mm/h。守前方去土茯苓、秦艽，用法同上，巩固 2 个疗程后，复查血沉为 16mm/h。半年后随访未见该病复发。

按： 根据目前研究，痛风性关节炎具有一定的遗传倾向。患者父亲、哥哥均有此病，可见具有一定的家属聚集倾向。辨证分析后可知该例属"热痹"范畴，治以清热通痹为主，方用朱丹溪上中下通用痛风方加减。该方出自《丹溪心法·痛风》，其能治周身骨节疼痛的痛风证。方用：黄柏、苍术、龙胆草、防己、南星、桃仁、红花、川芎、羌活、白芷、威灵仙、桂枝。方中黄柏、龙胆草清热泻火，苍术、防己燥湿行水，使湿热之邪渗泻于下；桃仁、红花、川芎活血化瘀，天南星化痰祛风，使痹阻骨节之痰浊瘀血得行；羌活去骨节间之风湿，白芷去头面之风湿，桂枝、威灵仙去手臂足胫之风湿，使周身骨节的风湿之邪尽去；神曲健脾暖胃消食，以免黄柏、龙胆草过寒之品重伤脾胃；再加土茯苓、秦艽清热、消肿，通痹之功益强。

医案二 患者，男，57 岁，于 2012 年 7 月初诊。主诉：手指、足趾红肿疼痛 5 年余。

病史：患者 5 年前频频饮酒，屡进膏粱厚味后出现手指、足趾肿胀，右手指关节及左足踇指内侧肿痛尤甚，以夜间痛为剧。到当地医院就诊，服用消炎镇痛类药物，服药后疼痛暂时缓解，但停药后随即再发。3 日前，又因卧睡受凉而引起本病发作，局部红肿热痛，功能受限。刻诊可见患者形体丰满，痛苦面容，走路跛行，手指、足趾处明显肿胀，微红不热，因连续夜间疼痛影响睡眠而心烦，伴有脘腹痞满、大便干结。

体格检查：手指、足趾红肿，压痛，活动受限，神经系统无异常。舌质暗红，苔黄腻，脉弦滑。

辅助检查：血沉为 80mm/h。血尿酸为 714μmol/L。

西医诊断：痛风。

中医诊断：浊瘀痹。

辨证：风湿热阻络证。

治法：祛风湿，通经络，止痹痛。

方药：黄芩 12g，车前草 15g，金银花 30g，白鲜皮 15g，地肤子 15g，石膏 30g，通草 6g，车前子 15g，六一散 15g，茯苓 15g，绞股蓝 15g，冬瓜皮 15g，乌梅 30g，天麻 15g，伸筋草 15g，红花 4.5g，紫花地丁 15g，杜仲 15g，海螵蛸 15g，黄柏 10g，玉米须 15g，垂盆草 15g，五味子 15g，14 剂。早晚饭后温服。

复诊：连续用药 1 个月后，疼痛肿胀均已消失，原方加减再服 10 剂以巩固疗效。

按： 治疗痛风，按中医"热痹"论治。同时，根据痛风的病因病机分急性期与慢性期分别论治。急性期痛风，关节周围有明显的红、肿、热、痛，其病机为下焦湿热壅滞，以邪实为主，属于热证、实证。治以清热利湿、凉血导滞，重在祛邪。慢性期痛风，其病机为浊瘀凝滞下焦。同时久病必虚，久病及肾，又有脏腑气血的亏损。本证属于虚实夹杂，寒热交错。治疗重在祛瘀化浊，同时兼顾扶助正气，祛邪与扶正同时进行，方能中的。

第六章

桃李天下

第一节 带教学生，薪火相传

一、门诊抄方

鲁老带教学生从来都是以身作则，早上第一个到门诊，下班最后一个离开。每次门诊，都有学生在鲁老一旁抄方，学生均得到了孜孜不倦的教导。门诊时曾遇湿疹一例，鲁老将其皮损特点、临床分型、中医辨证、治疗手段、调护娓娓道来。鲁老尤其重视中医中药治疗湿疹。鲁老分析认为，湿疹呈多样性，慢性期则局限，有浸润和肥厚，瘙痒剧烈，易复发，是临床中的常见病、多发病。鲁老引用经典，进一步使学生加深对湿疹的理解。

跟随鲁老门诊抄方，学生总会忘却疲劳、忘记时间。鲁老的每次带教分析，不仅学生能受益匪浅，对于湿疹这一个疾病也会有更深的认识，鲁老自己也温故而知新。每次学生真心感谢鲁老时，鲁老都会和蔼可亲地说，因为有你们，我们能共同进步。学生们也异常珍惜每一次跟随鲁老抄方的机会，学生和老师相处起来，有时竟像朋友一般。

二、治学严谨

鲁老一直坚信带教学生，薪火相传的重要性。孔子曾说："其身正，不令而行；其身不正，虽令不从。"鲁老严格要求自己，以身作则，给学生做好榜样。王夫之说过："身教重于言传"。鲁老50年来言传身教，身体力行，孜孜不倦，从未懈怠。

当时鲁老不仅是浙江省中医院中医外科主任，也是浙江中医学院中医外科教研室主任，在繁忙的临证之余还要为学校的学生上课，主讲中医外科学。鲁老上课时语言幽默诙谐，生动活泼，总是结合自己的亲身经历以故事的形式进行知识的传授，学生们喜爱鲁老的课，总是到下课铃声响起学生们才发现课已然结束。鲁老上课还有一特点，就是上课从不拿教科书，因为教科书的内容已然全部在他的脑海之中了，每讲到一病种时，他就拿临证时所遇到的病人进行病史资料的陈述和辨证分析，深入浅出，活泼有趣，令学生们终生难忘。每次教学测评鲁老的测评分都是遥遥领先，多次被学校评为优秀授课老师。

鲁老治学严谨，在培养中医人才方面，注重理念创新，强调理论与实践紧密结合，注重思维能力训练，动手能力训练，提出当代中医优秀人才首先要有科学的思维方法，灵活的动手能力，鲁老的学生遍布全国，现多为医院和科室的精英和学科带头人。他教导学生，要抓住机遇，珍惜时间，刻苦钻研，努力学习，把理论知识学扎实，在临床中去实践，再学习，再实践，不断提高自己的专业水平，不要把能治疗普通病作为目标，要善于钻研难病，开拓思维，从经典中吸取营养，在临床实践中总结经验，才能不断地进步。若取得一点小成就得到领导或患者的好评后，不得骄傲自满；在工作中受到挫折，也不要灰心丧气。他恪守言传身教的授业思想，坚持不懈地带教学生，答难释疑，不厌其烦，临床点拨，传授秘验。为了使自己毕生治疗经验能够传承下去，他将几十年积累起来的治疗心得、经验秘方毫无保留地让弟子们传抄，引导他们传承中医，更好地为患者服务。在教学上，鲁老注重理论结合临床实践，着眼于学生动手技能的培养，对于临床病例常进行详细的讲解和启迪式讨论，让学生融会贯通。

三、榜样力量

鲁老是浙江省中医院中医外科主任，中医外科学会主任委员，在省内中医外科学界起着举足轻重的作用，省内各级医院中医外科、皮肤科等科室的医生先后至鲁老处进修。鲁老对学生和蔼可亲，关心学生，在传授知识上亦是倾囊相授，毫不保留，和每位学生均以朋友相交，许多学生回单位后还常来看望鲁老，他亦常常与他们电话联系，解决他们在临床中的一些疑难杂症，对一些有特殊教育意义的病例会要求学生拿到中外学术年会上进行讨论。到

浙江中医临床名家·鲁贤昌

鲁老处进修的学生总是因为业务水平较高，回单位后大多已然成为学科带头人和业务骨干。鲁老是第三批全国老中医药专家学术经验继承工作指导老师，对学生要求严格，每月的心得体会和出师论文均要仔细评阅，若不中意，就要求重写。鲁老退休之前担任学校的教学工作，毕业学生不计其数，而且现在大多已经成为医院领导和科室主任。总之，鲁老为浙江省的中医外科、皮肤科培养了许多人才，其学生遍布全省，可谓桃李盈门。

鲁老在繁忙的临证之余，也不忘科研和临床经验总结。20 世纪 80 年代中期由其主持的"灵猫香药用研究"获得省、部级科研成果三等奖，在国家级及省级学术期刊上发表学术论文 30 余篇。

四、重视临床

鲁老认为实践出真知。医学就是长期与疾病斗争过程中总结出来的宝贵经验，可以指导我们以后如何抵御疾病。中医学也不例外，是人们运用中医药与疾病长期斗争中产生的，同时可以指导我们如何预防和治疗疾病的一门学科。中医学是一门临床学科，重视临床疗效，要有良好的临床疗效离不开临证实践。鲁老认为，只有善总结，勤临床才能学好中医。目前鲁老仍坚持每天临床，门诊时间一般为上午半天，但往往要到接近下午才能结束门诊，在繁忙的临床工作中，鲁老不忘总结归纳，对银屑病、湿疹、痤疮、慢性前列腺炎、类风湿关节炎、强直性脊柱炎、系统性红斑狼疮等疾病提出了自己的见解，如在治疗急性皮炎湿疹时用清热利湿药物如泽泻、木通、萆薢、茯苓等往往奏效，也是"疾病初期用内消"的具体应用，这都是在长期临床实践工作中总结出来的。

鲁老认为临床是研究中医中药的重要手段。目前随着生物科技的发展，医学领域的研究已经进入分子生物学阶段，已经可以观察到某些基因片段对疾病的影响和某些药物对疾病的影响，但中医中药重视的是对人体的临床疗效，认为人是一个统一的整体，不能以药物对人体的局部、细胞或基因的水平来衡量药物的治疗作用。应该来说在中医整体观的指导下，今后一段时间内临床疗效观察仍是中医中药研究的主要手段。

五、中西合璧

随着时间的推移和科学的进一步发展，现在人们已经认识到有越来越多的疾病西医西药无法解决或西医西药存在着明确的毒副作用，又开始在中医中药上寻找治疗方法，开始回归中医。从此我们可以看到中西医双方都有着各自的优势和缺点，两者的互补已成为历史的必然。

鲁老向来认为中医学是一个开放性的学科，从不排斥西医，认为疗效才是检验治疗的最佳标准。在带教过程中，鲁老也强调中西医结合。扁鹊曾说过："医者所病，病道少"，古时候我们祖先已经认识到治疗方法的匮缺，已经有意无意地开始寻找更多的治疗方法。中医学中有血竭、胖大海、西洋参、琥珀、没药等西方国家进口的药物，已经把西方的东西拿来成为自己的药材。中医药应以民族特色为基础，以提高疗效为目标，融合西方医学，为全世界人民的健康事业服务。我们作为中华儿女，有着把中医药发扬光大的伟大使命。

鲁老认为中医的辨证应与西医的辨病两者结合起来。西医的辨病有着无可争辩的定位作用，中医的辨证论治是在整体理论的指导下对疾病的整体认识，两者结合有着互补的作用。如皮肤病患者就医我们先用西医理论对疾病进行定性诊断，属于哪种皮肤病，是慢性湿疹，还是银屑病，抑或是神经性皮炎，其病因是和过敏有关还是和精神情志因素有关，再在此基础上进行辨证论治可提高辨治的准确率，提高疗效。再者西医可以为我们中医中药治疗保驾护航，如药物性皮炎病人若变态反应严重，中药控制不佳时我们可以使用糖皮质激素，作为我们治疗时的坚实后盾，可以让我们放手先用毒副作用小的中药进行治疗。故而中西医两者是互补统一的，不是矛盾对立的。

鲁老曾教导学生，我们进行中西医互补，主要还是应立足在"西为中用"的思想观点上，这样我们才能提高中医，发扬中医。首先我们要看到中医自身的不足，然而再从西医中学习它的长处，发展自己的特色和优势，如辨证论治、整体恒动观，以更好地服务于临床。我们要做到衷中参西，继承创新，最后回归中医。

六、课堂教育

在给学生上课时，鲁老总会提早 10 分钟到教室，提前站到讲台上，观察学生，并希望有学生向他提问。一次鲁老刚刚到教室，一位同学就冲上去向鲁老提问："得了脚气该怎么办？"同学说自己得了脚气，脚上非常痒，还有水疱、糜烂、结痂、疼痛，非常难受，涂了治疗脚气的药膏也没有改善，非常苦恼，特借此机会询问鲁老，希望能解决自己的问题。

鲁老听完后问道，是否怕冷还是怕热、大便如何、舌苔如何等，同学一一作答。不知不觉，10 分钟过去了，上课了，鲁老今天本来要讲荨麻疹，因这位同学的问题，就开始讲起了足癣。鲁老不用课本，之前也没有备课，一切知识都存在脑海里。鲁老详细介绍了足癣的发病原因、传染性、临床表现，并重点介绍了足癣的中西医治疗。结合该同学的临床表现以加强同学们对足癣的中医辨证要点的认识，并就该同学情况进行遣方用药。

鲁老讲课不拘泥于各种形式，灵活应变，生动活泼。因为有着丰富的临床经验，讲课时总是理论联系实际，加深同学们对疾病的印象。鲁老总说："作为一名医学老师，脱离临床的授课非一名合格的老师。"听鲁老讲课，如沐春风，受益颇丰。

第二节　学会任职，发扬中外

一、辛勤耕耘

鲁老从医 50 余年，一直孜孜不倦，辛勤耕耘，坚持在临床和教育一线工作。鲁老从小在其父的中医熏陶下对中医有了一定的认识，属于中医启蒙阶段。后来考取第一届浙江中医学院中医本科专业，接受中医正规系统的学习，其间鲁老勤奋好学，夜以继日，以优异的成绩从学校毕业，这就为日后的中医事业奠定了深厚的基础。学校毕业后又跟随中医外科名家余步卿老先生抄方、学习，其间认真学习了中医外科名著，并结合临床融会贯通，读熟读懂，灵活应用，提高了自己的中医外科知识，为日后从事中医外科专业打下了坚实的基础。后来又跟随皮肤科、西医外科、泌尿科的专科名家学习专科知识，中西贯通，辨病与辨证结合，创立了自己的学术思想和学术经验，最终成为一代名医。从鲁老走过的历程看来，付出了艰辛和汗水，用"辛勤耕耘"来归纳恰到好处。

鲁老杏林勤耕耘，医誉日隆盛。从医从教 50 余年，始终一线践精诚，誉满杏林，桃李天下。其常于人言："何来天才，不过先飞"，愈是博学，越发精勤，提出"背、勤、恒、精、博"五字要诀。医道精诚，橘杏交辉。1994 年，鲁老晋升主任中医师、教授，任浙江省中医院中医外科主任，浙江中医学院中医外科教研室主任。后组建浙江省中医药学会中医外科分会，并担任数届主任委员，乃我省中医外科之奠基人。2002年，被国家中医药管理局评为第三批全国老中医药专家学术经验继承工作指导老师。2012年，获国家中医药管理局批准成立"鲁贤昌名中医工作室"，对其学术思想和学术经验进行总结和推广。鲁老不畏艰辛，孜孜不倦，兢兢业业的学术精神乃我辈学习之楷模也。

鲁老融汇中西医学，贯通传统现代。常有中医固守传统，而鲁老则不然，胸怀开阔，以疗效为标准，采众长以补短，纳中西医而互通。鲁老认为，中医学乃开放性学科，故向来不排斥西医，取中医之长可补西医之短，用西学之法能襄中医之缺，中西合璧则能更好地服务病患。此一思想亦是今朝我院办院之理念，而鲁老则早已践行50余年。

二、学会任职

鲁老于1987～1989年任浙江省中医学高级职务评审委员会专业组成员。在此期间，兢兢业业，在繁重的门诊、教学、科研之余，还投入到中医学高级职务评审工作中去。鲁老此时已48岁，艰苦奋斗使他的能力得到了进一步的升华。

鲁老于1987年11月任《浙江中医杂志》编委。鲁老在任职期间，坚持继承发扬祖国医学，及时报道创新科研成果，重点交流特色诊疗经验，理论实践并重，提高普及兼顾，着力学术发掘，切合临床实用。鲁老在任职期间广受好评，成为学习的榜样。

鲁老于1987年任浙江省中医外科学会副主任委员兼秘书。鲁老在任职中医外科学会副主任委员兼秘书期间，依然担任中医外科学教学老师。同年中医外科学同道获国家重大科技成果奖的烧伤膏，为全国医学界瞩目。用于治疗血栓闭塞性脉管炎的"通塞脉""清脉791"，注射治疗各期内痔均有效的"消痔灵"注射液，治疗多种皮肤病的"五妙水仙膏"等，都先后获得国家科技进步奖和卫生部科技成果奖。中西医结合治疗系统性红斑狼疮、硬皮病、毒蛇咬伤等，也都取得了很大的成绩。鲁老对于中医外科学有着深深的渊源，致力中医外科学的发展，奉献自己的力量。

鲁老于1989～1991年任浙江省中医高级职称评审中医专业第二组委员。在评审过程中，鲁老秉承公平公正的原则，受到同事的一致好评。

鲁老于1990年任浙江省卫生厅中医科技专家委员会委员。鲁老坚持推进中医药事业发展，努力奉献自己的一份力量。

鲁老于1991年10月任全国甲状腺病专业委员会副主任委员。任职期间，帮助主持年会、演讲，教授甲状腺知识，不畏艰辛。

鲁老于1994～1996年任浙江省卫生厅第三届药品评审委员会委员。鲁老在任职期间致力药品的规范、安全、质量、疗效，不断要求精益求精。

鲁老于1996～1998年聘为省中医药科技工作专家咨询委员会委员。鲁老任职期间旨在发扬"浙派中医"精神，鼓励我省广大中医药科技工作者牢记使命责任，切实担负起振兴发展中医药事业的重大任务。

鲁老于2000～2011年任浙江省中医药外科学会分会主任委员。鲁老对于中医外科学有着不解之缘，一生都致力中医外科学，成为浙江省中医药外科学会分会主任委员之时，鲁老已经61岁了。鲁老始终坚持自己，为帮助新生代力量的崛起不懈奋斗。

鲁老于2002年聘为浙江省中医研究院研究员。鲁老任职期间，对于中医的研究坚持不懈，一生都奉献给了中医。

鲁老于2005年5月退休。退休后鲁老本可以安享晚年，但66岁的鲁老不忘中医工作，仍继续门诊治病行医。

鲁老于2011年聘为浙江省中医药学会第五届外科分会名誉主任委员。72岁的鲁老从来都不服老，身体硬朗，继续从事中医事业。

鲁老于2011年聘为全国外科学会名誉顾问。被聘为全国外科学会名誉顾问后，鲁老仍关注中医外科学，鲁老的宗旨是：活到老，中医学到老，中医用到老。

三、发扬中外

鲁老医术精湛，临床经验丰富，在负责学校本科及研究生临床授课的同时，带教世界各地的国际交流生，将中医外科发扬中外。

第三节　名医工作，流派传承

一、余氏外科流派历史沿革

余氏外科的创立是一个继承与发展的过程，是余步卿先生与其弟子鲁贤昌先生等潜心探索，以中医学的传统理论为基础，继承前人的观点理论，以临床实践工作的佐证，加以发展创新而建立的。

余氏外科的创始者为余步卿先生，余老先生幼年即丧父，师从外科名医潘元申之学生费元春。

余老先生擅治痈疽疔毒、喉痹、丹痧、臁疮、瘰疬等症。精于疮疡喉症之道，内外并治，针药兼施。而鲁老从浙江中医学院毕业后师从余步卿老先生，与此同时他还相继于多位名医处听课、抄方，如叶熙春、魏长春、裘笑梅、陈杏生、夏明诚、宣志泉等。在20世纪60年代后期跟随西医外科医师学习急腹症如阑尾炎、胆囊炎、肠梗阻、胰腺炎等的诊治。同时学习诊治男性疾病，主要是学习诊治慢性前列腺炎。20世纪70年代鲁老又跟随皮肤病专家学习皮肤疾病如银屑病、慢性湿疹、慢性荨麻疹、神经性皮炎、红斑狼疮等的诊治。在余老过世后，撰写余步卿外科学术经验，整理医案，对余老治疗疮疡、乳痈等外科疾病的临床经验进一步总结，发表相关学术论文，传承了余氏外科流派。在继承余老的学术基础上，对中西医结合的外科诸证的诊疗方法展开了广泛的理论研究和大量的临床实践。经过不懈的努力，鲁老在中西医结合治疗风湿免疫病、泌尿系统疾病、皮肤病、甲状腺疾病等方面取得了重大的突破。并提出皮损辨证、强调整体、辨证辨病、相得益彰等学术思想，指导中医外科的临床诊治工作。

二、流派发展现状

余氏外科第一代传承人鲁贤昌，为第三批全国名老中医药专家学术经验指导老师，周光武、陈英、曹毅和陶茂灿为第二代传承人。2012年成立鲁贤昌名老中医药专家传承工作室，是国家中医药管理局第三批下达的工作室。2013年鲁贤昌工作室信息网络平台采集管理系统投入使用。目前工作室拥有名老中医药专家临床经验示教诊室、名老中医药专家临床经验示教观摩室及名老中医药专家资料室及仪器设备等配套设施。并于2016年工作室完成建设任务，顺利通过国家中医药管理局验收工作。余氏外科通过临床工作、医案整理、发表论文、承担课题、人才培养等方式进行发展传承。

三、流派学术影响

本流派始于余步卿先生与其弟子鲁贤昌先生，二人数十年孜孜不倦的潜心摸索研究，为余氏外科的传承奠定了坚实的基础。在丰富的中医理论的基础之上，又有丰富的临床实践工作作佐证，展现了祖国医学的文化特色，大力宣扬了中医外科的临床特色。在几代人的努力探索之下，流派打下了长足发展的坚实基础，有着丰富的理论架构及发展空间。在流派发展的过程中，其中的代表性人物更是有着扎实的理论功底及丰富的临床经验，吸引了省内外一大批优秀的中医文化爱好者加入到中医外科的学习发展中来。这些人的不断努力和创新，使余氏外科逐渐明确了流派的传承脉络，为流派的传承奠定了坚实的基础，并储备了力量。在学术上从理论创新到临床应用拓展，再到微观层面治疗机制及作用靶向的探索，形成了集理论、实践、实验基础三位一体的研究模式，并不断完善创新。为推动本学派的理论创新和临床诊疗体系的发展提供了思路和实践经验，充分发挥了流派特色优势，在创建中医学术流派传承发展的创新模式上进行了积极探索。

（一）学术思想

1. 顾护脾胃重视后天

余老临证，对东垣之脾胃论推崇备至。再三强调，脾胃为后天之本、气血生化之源。故治病，应以不损伤脾胃为必备条件。在皮肤病的治疗中，余老反复强调，宁可罔效，不得伤脾。

2. 久痹必虚，从肝肾论治

"风湿热三气杂至，合而为痹"，然痹证往往病程长久，久病必虚，肾主骨，肝主筋，故鲁老在大量的临证之后，提出"久痹必虚"，形成了以补益肝肾为主的痹证 1 ~ 4 号方。

3. 皮肤科疾病，从皮入手，内外兼修

皮肤病以皮损为主要临床表现，故皮损辨证当为首要。又有诸内必形于诸外，故应不忘整体观，内治外治并用，达到治疗目的。

4. 审时度势融合三法

鲁老将疮疡分为早、中、晚三期，运用明代陈实功《外科正宗》创立之消、托、补三法治疗。但具体又因人而异，圆机活法。

（二）临床经验

（1）皮肤病：临证须辨急慢，治法当分清养。

（2）疮疡、痈疽：内治不离三法，疮疡外用升丹提吊。

浙江中医临床名家·鲁贤昌

（3）胆道疾病：用消导曲尽其妙，治胆病传统出新。

（4）男性病：浊瘀湿热下焦论治，清化利湿独树一帜。

（5）风湿疾病：离照当空阴霾自散，温阳补蓄寒痹能通。

（6）乳痈：清法从气，温法从血。

（三）特色诊疗技术

1.经验方总结整理

（1）皮肤疾病：银癣止痒汤、皮灵1号、皮灵2号、清热止痒颗粒、健脾止痒颗粒。

（2）关节炎（痹症）：痹证1号、痹证2号、痹证3号。

（3）胆道疾病：胆道1号、胆道2号。

（4）阑尾炎：红藤汤。

（5）泌尿外科疾病：清肾1号、清肾2号、蒲灵栓剂。

2.外用方

下腿溃疡膏、清凉膏、如意膏、足疗1号、汽疗1～4号。

其中清凉膏具有清热解毒、散结消肿的功效，对于一切体表因感染引起的红肿热痛等炎症表现者有非常奇特的功效，得到社会上广大患者的一致好评。足疗1号具有清热解毒、软坚散结作用，治疗跖疣、胼胝、鸡眼、掌跖角化症等具有很好的疗效。

3.外治法

足浴法、中药汽疗、中药湿敷。

四、历代代表性传承人简介

1.鲁贤昌

鲁贤昌名老中医，为余氏外科第2代传承人，1959年考入浙江中医学院，师从中医外科名医余步卿先生。鲁老毕业后任职于浙江省中医院，曾任浙江中医学院中医外科教研室主任兼浙江省中医院中医外科主任，为第三批全国老中医药专家。长期从事医疗、教学、科研工作。擅长治疗免疫风湿病，尤其对类风湿关节炎、风湿性关节炎、退行性关节炎、痛风性关节炎、强直性脊柱炎等有独特的治疗经验。对男性病（慢性前列腺炎、男性不育、性功能障碍）、胆道病（胆囊炎、胆石症、胆道术后综合征）等也有着丰富的临床经验。曾发表《蒲灵栓剂治疗慢性前列腺炎 47 例》《温和灸加痹症 1 号方治疗类风湿性关节炎 30 例临床观察》《胆囊炎的组织病理分型与中医辨证论治关系探讨》等论文 30 余篇，参与编写《中医外科学》教材。科研项目"灵猫香药用研究"（任临床组组长）获 1982 年国家中医药管理局优秀科技成果三等奖、省优秀科技成果二等奖。

2. 鲍严钟

鲍严钟，男，主任医师，浙江天台人，1936 年 3 月生，浙江中医学院（6 年制）首届毕业生，1965 年 8 月进入省中医院外科工作，为余氏外科第 2 代传承人，专攻疑难杂症。1987 年 10 月创办了浙江省首家不孕不育专科医院，任院长。2001 年起任名誉院长，先后被评为杭州市级、浙江省级、国家级名中医，享受国务院特殊津贴，获浙江省先进工作者、杭州市医院优秀院长、市劳动模范等光荣称号，历任杭州市江干区人大代表、市人大代表、区人大常委会副主席、农工民主党杭州市委常委、省中医院中医外科副主任、省中医药学会理事、省性病艾滋病学会理事、省人口与优生学会理事、省中西医结合学会生殖专业委员会副主委、省中医男性专业委员会主委、中华中医药学会男性学专业委员会副主席、中国性学会理事、中国性学会中医性专业委员会副理事长等职。现于省中西医结合医院（杭州市红十字会医院）带教，并帮助筹建省男性不育治疗中心。获得"强精冲剂"专利一项，科研成果 5 项，编写著作 10 部，发表论文 22 篇。

五、工作室建设

鲁贤昌名老中医药专家传承工作室成立于 2012 年，是国家中医药管理局第三批下达的工作室。2013 年鲁贤昌工作室信息网络平台采集管理系统投入使用。工作室目前拥有名老中医药专家临床经验示教诊室、名老中医药专家临床经验示教观摩室及名老中医药专家资料室及仪器设备等配套设施。其中名老中医药专家临床经验示教诊室面积大于 20m²，用于门诊诊疗患者；名老中医药专家临床经验示教观摩室面积大于 30m²，用于临床带教、讲座、病案讨论等；名老中医药专家资料室面积大于 50m²，用于名老中医临证医案、笔记、心得、医学书籍等资料的整理与储存；在场所安排、物品摆放、工作程序等方面能体现中国传统文化元素。此外，工作室还设有计算机、宽带网络、声像采集系统（摄录设备和编辑系统）、实时记录设备（录音笔、移动储存设备）等配套硬件，使用率达 100%。

2016 年工作室通过建设验收。工作室建设期间，建设工作室团队，形成自己的传承梯队，工作室共 10 名团队成员，重点培养副高及以上中医药人员 4 人，重点培养中级职称中医药人员 4 人，培养博士生 1 人，接纳外单位人员进工作室进修学习 3 人，举办国家级中医药继续教育项目 2 次及培训人数共计 60 余人次，举办省级中医药继续教育项目 2 次，共计 20 余人次。

继承人通过随师侍诊，老师悉心授业，继承人的跟师笔记达 50 篇，继承人整理总结名老中医药专家的医案 40 篇，总结研究鲁贤昌名老中医擅治常见病、疑难病的诊疗经验和学术思想，形成强直性脊柱炎、干燥综合征的诊疗方案，出版《浙江省名中医研究院名医手稿——鲁贤昌》和《当代中医皮肤科临床家丛书第二辑——鲁贤昌》专著 2 部，初步整理了鲁贤昌临证典型医案、经验方，整理了鲁贤昌治疗类风湿关节炎、强直性脊柱炎、痛风性关节炎、骨关节炎、慢性前列腺炎及压疮等经验，以学术论文形式多次发表在国内一、二级期刊，鲁贤昌收集名老中医药专家的教案、讲稿、文稿、书稿等 5 篇，为出版鲁贤昌名老中医临床资料研究专著奠定了基础。在形成相关病种特有的中医诊治方案体系方面，已经初步开展专科专方门诊。

工作室建设期间，制定了工作室负责人及团队成员的职能、工作室设备的维护制度、安全防范措施及值班制度等规定文件，定期开展工作室团队内部会议（每月 2 次）。

第四节　桃李盈门，学验俱丰

鲁老自毕业之后从事临床工作 50 余年，其间不但熟谙经典原著，同时还广泛涉猎古今中外各门流派，各家学说，旁骛与本专业有关的各家理论、经典原著，以为己用。并虚心学习现代医学的各种理论，掌握西医诊治疾病的各种方法及手段。同时结合临床病人，根据老师处方用药和医学典籍记载融会贯通，举一反三，消化吸收成为自己的知识。日积月累，鲁老对于临床疾病有了自己独到的认识和深刻的体会。然而，只有进入中医的临床一线工作当中去，才可以深刻体会到现在中医的艰难处境。大环境的改变、西方医学的冲击及人们思想上的变化等都对中医学的发展带来了极大的挑战。面对此种情况，鲁老忧心忡忡，他认为中医外科学陷入目前的困境有很大一部分原因是缺乏纯正的中医外科学人才。鲁老认为在除政策等方面的因素外，应该采用多种培养模式并存的形式。如在主流的学院式的教学模式下，吸收部分具有特色的外科学生采用师带徒的形式进行培养。即使一个人的力量是有限的，鲁老也希望自己能够为祖国医学的发展添砖加瓦，从医50余年，其间承担了大量的学校教学工作，同时对全省各地的皮肤科医生到他这边进修学习也乐意之至。

1. 曹毅

曹毅，男，1965年5月出生，医学博士，主任中医师、硕士生导师，第七批浙江省名中医。曾任浙江省中医院（浙江中医药大学附属第一医院）党委书记。1987年毕业于浙江中医学院中医专业本科，1999年获浙江大学医学院皮肤性病学专业硕士学位，毕业后一直在浙江中医学院附属医院皮肤科从事中西医结合临床、科研、教学工作，其间曾赴温州医学院和上海华山医院皮肤科进修。兼任中华中医药学会美容专业委员会副主任委员、浙江省中医药学会常务理事、浙江省性学会中医分会副主任委员、浙江省性病艾滋病学会理事、浙江省医学会皮肤病分会委员、浙江省医学会医学伦理学与卫生法学分会委员、浙江省医疗事故鉴定委员会专家库成员、浙江省科普作家协会常务理事、浙江省"151"人才培养对象，浙江省教育厅中青年学科带头人培养对象。完成和在研省部级课题7项，获省政府科技进步奖1项，厅局级奖4项。参编教材、著作3部，发表论文40余篇。擅长足病、下肢溃疡、过敏性皮肤病和各种疑难皮肤病的中西医结合诊治。主持足部疾病的临床诊治和科研工作。

曹毅教授师从鲁老，毕业之后从事中医外科临床科研及教学工作20余年。曹教授从事临床多年，在足病、下肢溃疡、过敏性皮肤病及各种疑难皮肤病的中西医结合诊治方面有丰富的经验。在临床上，对多发性跖疣的治疗有着丰富的临床经验，从而在浙江省中医院皮肤科建立脚病专科门诊。曹毅教授擅长采用中西医结合治疗各种疑难皮肤科杂病，在学习现代药理临床知识的同时，擅长结合祖国医学的特色治疗方法，采用艾灸、修治、水杨酸粉封包疗法，以及中药泡疣散浸泡的方式治疗脚病。

修治疗法又称修脚疗法，是治疗脚病的一种独特方法。大约源于清代，是一种广大人民群众所熟悉和欢迎的医疗技术，是我国劳动人民长期治疗脚病的一种经验总结，是祖国医学的组成部分。修治疗法具有见效快，能迅速缓解疼痛症状，操作层面清楚，不易产生局部瘢痕，操作器械简单，疗效肯定等优点。其治疗先使用修治疗法去除疣体角质增厚块，再联合水杨酸粉封包，使水杨酸粉直接作用于疣基底部，更好地发挥去角质、腐蚀的作用。修治疗法联合水杨酸粉封包治疗可缩短治疗周期，提高临床疗效，并且可降低难治性跖疣的复发概率。艾灸可以明显降低血液黏度，改善血液循环和微循环障碍，因而具有活血化瘀之效。通过活血化瘀、行气通络作用可调整机体各系统脏器的功能活动，增强特异性和非特异性免疫，从而提高免疫功能。艾灸跖疣局部穴位既能发挥艾叶本身的治疗作用，又能通过穴位刺激，更好地发挥逐瘀散结的作用，从而使肌肤得以润养，枯筋消退。艾灸能壮元阳、抗毒邪，增强机体的抗病能力，预防病毒的再感染和跖疣的再复发。同时配合中药泡疣散浸泡（板蓝根、蛇舌草、大青叶、桃仁、红花、三棱、莪术、当归、夏枯草等等份为散），诸药合用，取其清热解毒、活血化瘀、解毒散结之效，毒去瘀通，则有利于疣体的消散。曹毅教授善于从肝肾阴虚论治痤疮，他将痤疮分为肺经风热、湿热蕴结、痰瘀互结、冲任不调四型，指出痤疮诊治之要，在于"辨病、辨体、辨证"的结合，重视调整体质，从而达到标本兼治的目的，临床上多运用二至丸加减。曹教授擅长运用各种经方、时方治疗皮肤杂病，如运用龙胆泻肝汤治疗染发皮炎、带状疱疹、异位皮炎、阴囊湿疹。曹毅教授受教于鲁老，从事中医外科临床工作 20 余年，始终兢兢业业、全身心地投入到中医外科的建设与发展中。

2. 陶茂灿

陶茂灿，主任中医师，医学博士，硕士生导师，浙江省中医院皮肤科副主任，浙江中医药大学中医外科教研室副主任，鲁贤昌全国名中医工作室负责人。陶教授长期从事皮肤性病科工作，对皮肤科常见及疑难疾病有独到的中西医结合诊治经验，擅长痤疮、各种脱发、皮肤美容和光敏性皮肤病的中西医结合诊治。陶教授从事中医外科学临床及教学科研工作 10 余年，对于各类皮肤病的中西医结合治疗有着丰富的临床经验。运用阳和汤加减，温补脾肾治疗脾肾阳虚型硬皮病，他通过对硬皮病的长期辨证论治，认为硬皮病属本虚标实之证，以肺脾肾阳气亏虚为本，风寒湿三气杂至为标。脾肾阳虚，气血羸亏，卫外不固，腠理疏松，风寒湿之邪乘虚而侵，阻于皮腠之间，久之阴血耗损，肌肤失养，脏腑失调，痰浊与瘀血互结而阻滞经络，气血不通，皮肤经络失养，而成硬皮病。擅长运用去疤汤（丹参、益母草、桃仁、红花、川芎）治疗瘢痕，抑制成纤维细胞增殖。方以丹参为君，活血消肿、祛瘀生新，臣以川芎活血行瘀，佐以桃仁、红花活血祛瘀、通经止痛，使以益母草清热解毒、活血化瘀，全方共奏清热消毒、消除瘢痕之功。用糖足合剂来治疗糖尿病足，糖足合剂由蜈蚣、血竭、䗪虫、黄芪、生地黄、川芎、牛膝 7 味中药组合而成，具有活血通脉、养阴益气之效，从而使其血脉得通、气阴得补，改善血液循环，增加下肢血供，加快溃疡的愈合。面对抗真菌药物的耐药问题，采用黄连解毒汤与西药联合应用以抗真菌，应用于临床真菌感染性疾病的治疗。陶教授在从事日常皮肤科门诊病房工作的同时，也承担着中医院校的教学及研究生的带教工作，将自己的临床实践经验进行分享。

3. 何慧英

何慧英，任中国中西医结合浙江省皮肤科专业委员会委员。《中华现代皮肤科学杂志》编委、《生活与健康报》特约咨询专家。从事皮肤性病科工作 30 余年，擅长治疗各种脱发及毛发疾病，如斑秃、全秃、普秃、男性型脱发、症状性脱发等。对皮肤性病科的疑难病症，如扁平疣、颜面再发性皮炎、痤疮、黄褐斑、慢性荨麻疹的中医治疗也颇有造诣。何医生目前任职于浙江省中医院脱发专科门诊，对于各类脱发及毛发疾病具有丰富的临床经验，参与研制的生发 1 号和生发 2 号胶囊在临床应用获良好疗效。她认为脱发的原因除了血虚、肾亏，主要的原因是瘀血阻络，精血生化不利，发失濡养；或因情志抑郁，肝失疏泄，气血运行不畅，久则气滞血瘀；或因久病入络，阻塞毛窍，血不能上营发根，故致脱发。生发 1 号胶囊由丹参、红花、生山楂、桑椹、川芎等组成。丹参活血化瘀、养血生发为君药，配以红花入血分而逐瘀血，有养血而不碍血、活血而不伤血之功，故为臣药；生山楂消痞导滞，桑椹滋阴血、乌须发为佐药。血瘀必有气滞，丹参性味苦寒，再配以性温之川芎，它能活血行血，畅通气血，载药上行。诸药合用，瘀血逐去，血脉畅通，新血得生，则发得血而自长。临床上运用汤剂的同时，采用穴位注射足三里、曲池等穴治疗的方法，通过经络穴位增强其原有的治疗作用，达到促进气血旺盛、养血疏风、补肾等作用，从而促进须发的生长。何医生在临床上所见黄褐斑多有血瘀现象，如舌质青紫或瘀斑，经来小腹胀痛，色紫暗或有血块，脉涩或弦。故何医师认为黄褐斑的发生主要与气滞血瘀、肌肤失养有关，临床上多运用消斑活血汤治疗黄褐斑。方选当归、川芎、熟地黄、白芍、桃仁、红花、丹参、桑椹子、制何首乌、柴胡、玫瑰花、黄芪、大枣，诸药合用，共奏活血化瘀、滋补肝肾、养血消斑之效。何医师在临床当中也擅长应用乳剂霜剂等中医外科传承的特色剂型，如采用复方冻疮霜治疗冻疮。复方冻疮霜由当归、细辛、桂枝、干姜、冰片、维生素 E 等组成。全方共奏温经散寒、活血化瘀、止痛定痛、化湿去腐之功。有效抑制局部渗出，加速炎性物质吸收，改善血液循环，发挥治疗冻疮的作用。何医师在临床擅长将祖国医学与现代医学及药理研究相结合治疗各类皮肤病，尤其擅长治疗脱发等毛发疾病。

4. 陈英

陈英，女，副主任医师，浙江省抗癌协会乳腺癌专业委员会委员，中国农工民主党浙江省妇女工作委员会委员，从医 26 年，一直从事临床一线工作，1995 年曾公派赴日本九州肿瘤医院乳腺部进修。她擅长早期乳腺癌的诊断及术后规范化化疗及内分泌治疗。陈医师擅长乳腺纤维瘤，乳腺囊肿，导管内乳头状瘤，乳腺钙化灶的手术治疗，此方法具有切口小、恢复快、疗效佳的特点。她擅长通过中医辨证治疗乳腺囊性增生症、乳腺炎、浆细胞性乳腺炎、肉芽肿性乳腺炎、溢乳症、男性乳房发育症、多孔乳头溢液，以及乳腺癌术后的综合治疗。陈医师认为，祖国医学对乳腺癌术后的辨证治疗有着独特的优势。术后初期，气血亏虚，重在补养气血；术后化疗期，脾气虚弱，重在健脾和胃；术后放疗期，肺胃阴虚，重在滋阴养肺；术后缓解期，肝郁脾虚，重在疏肝健脾；复发转移期，血瘀痰凝，重在扶正培本、驱邪解毒。陈医师擅长辨证分治乳腺增生，她将乳腺增生分为肝郁痰凝、肝郁脾虚、肝肾阴虚和脾肾阳虚四型，并根据不同的证型，采用逍遥散、六味地黄丸、补中益气汤、二仙汤等不同方剂，调整用药，临床上均取得不错的疗效。自拟乳腺方治疗乳腺囊性增生病。乳腺囊性增生病中医称"乳癖"，其发病多与情志因素所致的内分泌失调有关。方选柴胡、当归、赤芍、白芍、川楝子、延胡索、姜半夏、茯苓、白术、仙茅、淫羊藿、青皮、陈皮、生甘草等，在临床使用中获得不错的疗效。

附录一

大事概览

1939 年 12 月 25 日出生于浙江绍兴禹陵乡。

1947 年 8 月～1953 年 7 月绍兴市某小学。

1953 年 8 月～1956 年 7 月绍兴市绍兴第一中学。

1956 年 8 月～1959 年 7 月绍兴市稽山中学。

1959 年 8 月～1965 年 7 月浙江中医学院（大学 6 年）。

1965 年 8 月浙江中医学院毕业分配至浙江省卫生厅，跟随外科名中医余步卿医师抄方。

1966 年 8 月浙江永康县清溪镇参加四清运动（社会主义教育）。

1967 年 8 月浙江省中医院中医外科继续学习名老中医学术经验(余步卿)。

1972 年 1 月参加下乡医疗队赴浙江浦江县巡回医疗(担任医疗队副队长)。

1972～1982 年任国家中医药管理局重点科研项目"灵猫香药用研究"临床组组长。

1973 年 1 月回浙江省中医院中医外科并参加浙江中医学院本科函授专科学生、中医护士班、西学中班等中医外科教学。

1978～1980 年《抗银丸治疗银屑病 105 例小结》获浙江省自然科学学术论文二等奖。

1982～1983 年"灵猫香药用研究"获国家优秀科技成果三等奖。

1984 年 6 月任浙江中医学院中医外科教研室主任兼浙江省中医院中医外科主任。

1985 年"灵猫香药用研究"获浙江省科技厅科学技术二等奖。

1984 年 5 月任第二届浙江省中医学会理事。

1987～1989 年任浙江省中医学高级职务评审委员会专业组成员。

浙江中医临床名家·鲁贤昌

1987 年 11 月任《浙江中医杂志》编委。

1987 年任浙江省中医外科学会副主任委员兼秘书。

1989～1991 年任浙江省中医高级职称评审中医专业第二组委员。

1989 年《中医外科教学体会》获浙江省中医学会论文三等奖。

1989 年评为浙江中医学院优秀带教老师。

1990 年任浙江省卫生厅中医科技专家委员会委员。

1991 年 10 月任全国甲状腺病专业委员会副主任委员。

1992 年评为浙江中医学院优秀带教老师。

1993 年评为浙江中医学院优秀带教老师。

1993 年 2 月参加国家中医药管理局组织的修订《全国医院用基本中成药品种目录》。

1994～1996 年任浙江省卫生厅第三届药品评审委员会委员。

1994 年 12 月晋升为主任中医师。

1995 年 9 月浙江省中医临床专科（专病）中心（基地）建设专家组成员。

1996 年 4 月评为浙江省省级名老中医。

1996 年 5 月～1998 年 5 月聘为省中医药科技工作专家咨询委员会委员。

2000～2011 年任浙江省中医药外科学会分会主任委员。

2002 年 11 月评为第三批全国老中医药专家学术经验继承工作指导老师。

2002 年聘为浙江省中医研究院研究员。

2005 年 5 月退休。

2011 年聘为浙江省中医药学会第五届外科分会名誉主任委员。

2011 年聘为全国外科学会名誉顾问。

录
附

学术传承脉络

昌
贤
鲁
·
家
名
床
临
医
中
江
浙

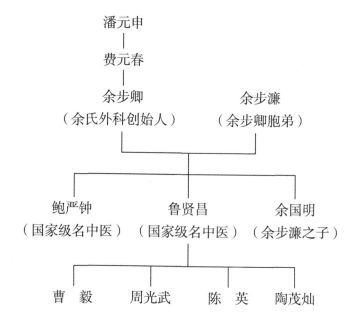

余氏外科创始人余步卿，从学于外科名医潘元申的学生费元春，1965 年收鲁贤昌为关门弟子，在鲁老的传承下，余氏外科得以发展创新。

潘元申：湖州外科名家。

费元春：德清潘氏传人，受业于湖州外科名家潘元申。费元春先生作古 50 余年，是杭州医堂的一块名牌，先生才高八斗，满腹经纶。

余步卿：余氏外科创始人。杭城名医余步卿，字炳森，浙江杭州人。1913 年生，1976 年 6 月 2 日卒，享年 64 岁。1956 年应召至浙江省中医院工作，担任外科负责人并加入中国共产党。先后培养了多名中医外科传承人。

鲁贤昌教授

鲁老生活照

问渠那得清如许

为有源头活水来

鲁贤 书

甲午年孟秋

鲁老治学座右铭

鲁老带教留学生

鲁老主持余氏外科学术经验传承推广学习班开幕式

鲁贤昌名老中医药专家传承工作室